正能量

如何成为
卓有成效的管理者

Sven C. Voelpel, Fabiola H. Gerpott

[德] 斯文·弗尔佩尔　法比奥拉·格伯特　著

王煦逸　译

格致出版社　上海人民出版社

前　言

　　如果把钱存入银行，现今你所能获得的利息非常少，在最坏的情况下甚至没有利息。不过科学证明，在心理状态方面，你却可以期待更高的"回报"。对安慰剂的研究表明，通过使用大约34%—100%的安慰剂进行治疗，人的身体状况会得到改善。当服下一颗你认为含有药物成分的"药丸"，即使这颗"药丸"是不含活性成分的安慰剂，你的身体状况也很有可能得到改善。由于你相信该"药丸"是有功效的，这会产生可衡量的积极作用。那么，如果将这种作用运用到公司管理中，会产生怎样的效果呢？

不仅仅是在医学领域，在其他学科诸如心理学、企业管理学、教育学以及体育学中，这种安慰剂效应产生的积极作用也是非常惊人的。然而，即使人人都在谈论安慰剂效应，这类方法至今在职场的运用是少之又少。

在许多不同的学科中，这种积极作用（也即正能量）都产生了积极的实验结果，本书将其作为一种运作机制进行介绍。我们将向读者展示，正能量的作用是如何彻底改变企业管理各个层面的。我们在研究和咨询项目中一再惊奇地发现，有许多科学技术在实践领域是完全未知的。目前，为提高生产率，企业管理者往往非常注重客观的绩效驱动，例如标杆管理项目、质量管理倡议，或者让员工参与公司管理。然而，这些举措的效果往往是不明显的，即使有效果，所占百分比也很小。而通过改变心理状态，绩效的提高可以达到100%！

本书的目标读者是想要改变其职场状态的人，他们是管理人员和拥有创造力的人，他们寻找能够提供具体实践建议的指导手册。因此，我们的目标有二：首先，本着"知识就是力量"的理念，我们用通俗易懂的语言和方法，总结了不同专业领域的相关实验结果，并将其运用到管理实践中。这样，读者能够了解正能量作用的科学依据，并且理解其作用机制。其次，本书提供的实用建议和运用案例，可以在日常工作和其管理角色中，帮助读者最大限度的创造价值。

为了说明程度，请想象一条一米长的卷尺，卷尺上的100厘米象征着你职业生涯所有的时间。那么，阅读此书你大概需要多少厘米呢？从整体上看，大概不会超过0.1厘米。从中你可以得到什么好处？在剩余的每一厘米上，你可以提高你的工作能力直到100%。在你看来，这样巨大的增长应该值得吧！那么就花一些时间来研究正能量的作用吧！

重要的是：我们讨论的不是忽略问题和不好的事情。相反，我们想带领读者一起领略不同的管理领域并且向读者展示，如何有针对性地使用正能量。

我们将此书奉献给所有勇于通过创造力来积极改变其职场生涯的人士。祝阅读愉快！

目　录

正能量的积极作用

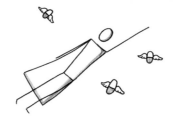

"不要想问题，要考虑解决方法。"

——德国诗人，约翰·沃尔夫冈·冯·歌德

谁不想通过自己的工作来改变生活，同时传播快乐、激励他人，即使生活起起落落，但好事还是占多数的。但日常工作往往与想象的不太一样：由于严格的组织制度，决策空间不大；由于不断缩短产品生命周期，必须提高效率；由于标准化和数字化进程的推进，某些工作岗位将被机器取代；由于通信发达而产生持续在线要求的工作压力，由于工作超负荷而出现职业倦怠……负面事件的列表可以无休止地列下去。因此，我们已经到了当代管理的关键路口：我们正处在一个"问题管理"的世界，一种以问题为中心的管理。这不仅反映在公司的日常生活中，也反映在管理学术研究中。应该尽可能准确地预测、分析和纠正日常管理工作中的问题，以获得突破，并且能够乐观地展望未来。

本书从头到尾都给出这种联系：我们想向读者证明，积极的态度可以从根本上改变日常管理！此外，这不是现实异化、深奥的思想，更不是洗脑。我们并不认为像"我们的公司每一天都在变好"这样的积极口号会让一切变得一帆风顺。相反，我们展示了变化的内在态度如何可持续地改革管理的所有领域。企业危机、失败以及不良的经济状况，往往不能通过乐观的心态来避免，但是针对这些情况的准备和反应能够起到积极作用。

正能量不仅在不同的领域出现，而且带来很多好处。从自己到员工再到客户：就像多米诺骨牌效应一样，能通过推动力激活一个反应链。我们想通过这本书给读者必要的推动力，推动力多强取决于读者自己。想象一下，正能量作为一种虚拟、普遍的工具，读者可以把它带到任何地方。从中打造适合读者个人、工作环境以及企业的理念。

什么是正能量？

每年都有无数有关的科学研究。作为研究人员，我们深入研究新的观点，在会议上讨论我们的成果和同事们的新发现，并努力使这些成果能应用到实践中。此外，我们注意到一个事实：不论哪个专业，总有令人印象深刻的证据表明，人们的态度（也就是他们认为真实而重要的东西）对结果有影响。但是，这点简单认识既没被作为一个正式的理念，也没有被系统地用于日常管理，所以我们给许多有影响力理论的基本作用机制取了一个名字：正能量。

我们理解的正能量指的是个人、群体或组织具有创造价值能力的变化，这种变化是由（自己或他人的）乐观态度、情绪和 / 或行为有意识或无意识的反应所引起的。换句话说，那些我们自己和我们的主管、同事和员工（积极地）崇尚的信念，会影响我们的行为，从而影响企业的长期成功。"价值创造"一词既可以指可衡量的目标，如效率或绩效；也可以指无形的结果，如动机或满意度。这种态度的创造价值——"安慰剂效应"已被充分证明，它微妙地渗透到生活的各个领域，我们将在下面五个例子中进行解释。

例 1　医学：信念让人健康

安慰剂效应一词最初来自医学。如前所述，仅仅通过假性药物治疗，患者病情的改善能达到34%—100%。这听起来像是在小说里发生的，但它是通过基础分析（所有在世界范围内进行研究的总结）科学证明了的事实。即使（无效的）手术也有类似的效果：经常会发生新手术方法试用了一段时间，才确定无效。然而令人惊讶的是，即使被证实手术方法无效仍有多达70%的手术患者报告疼痛减轻。因此，手术肯定通过期望效应产生作用。

然而，患者健康状况的改善不仅与接受治疗者的希望有关，还与环境的期望有关。科学家特德·卡普丘克（Ted Kaptchuk）把这种现象称为"代位服用安慰剂"，即所谓的代位效应，最初在参与安慰剂研究孩子的康复中被观察到。医生访问后，父母得到了宽慰，并希望通过（所谓的）"药物"减轻痛苦。父母发生的积极变化越大，孩子恢复的可能性就越高，即使孩子只用安慰剂治疗。

转换到管理领域，这意味着：如果管理者或组织环境相信新管理工具的有效性，那么就存在取得成功的机会。但是相反的情况效果也是如此（"反安慰剂效应"）：认为自己生病或将要生病的人显然更可能生病。用亨利·福特（Henry Ford）的话来说，对于管理者意味着："不论你认为你可以做到还是你做不到，你都是对的。"

例 2 运动学：认为自己精力充沛

想象一下，工作有助于身体健康却没有意识到，会对员工有什么影响？调查了 84 名在美国旅馆工作的女服务员以后，斯坦福大学、哈佛大学的艾丽雅·J.克拉姆（Alia J. Crum）教授和埃伦·J.兰格（Ellen J. Langer）教授的观点是：研究人员告知一半的女服务员被试，她们的工作在改善她们的健康状况，并向其推荐积极的生活方式，但对照组没有得到这些信息。在干预之前和之后，所有的女服务员都参加了测试，其中包括测量意识到的体能锻炼频率、体重和血压。对照组女服务员没有指标发生变化，那些被告知工作有积极健身效果的被试，在四周后报告了较高的体能锻炼水平、体重减轻并且更多人的血压在正常范围内。研究人员询问这个小组是否改变了自己的行为，然而，这些女服务员没有比她们的同事吃得少、没有喝更少的酒或咖啡，也没有在工作之外进行体能锻炼。只是意识的改变对客观测量的健康状况产生了巨大的影响！

如果运动通过安慰剂效应对身体状况产生影响，那么它怎样对心理产生（假设的）影响呢？为了研究这个问题，一个研究小组将48名青年分为两组，两组都参加了为期十周的运动训练。在项目开始之前，第一组就被告知，这项运动对精神健康有积极作用。第二组完成相同的运动项目，但没有被告知其有益于精神健康。在为期十周的训练之前、期间和之后，研究人员根据受检者的最大吸氧能力和自信心来测量其健康状况。虽然两组的平均身体素质同样都有所提高，但只有第一组在完成训练后表现出自信心增强。内在的信念既可以给身体也可以给灵魂带来飞翔的翅膀！

当然，我们都知道运动对人有好处。然而，体能锻炼是通过安慰剂效应发挥了很大一部分作用：只要我们相信身体和精神健康状况的改善，实际上就开始改善了。所以下一次穿上跑鞋或摊开瑜伽垫时，请你利用这个效应：想象一下，运动期间或运动之后的感受有多棒！

例 3　社会心理学：我对这个世界的看法取决于我对它的满意程度

通过正确的态度能够把身体调整到很好的状态，但是它对"喝酒行为"会有什么影响呢？在这种情况下，安慰剂效应也能可靠地发挥作用。众所周知，随着饮酒量的增加，自己以及其他人的感知魅力随之增强。一个国际研究小组已经能够证明，当你觉得自己喝了酒时，这种效应也会发生。科学家在演讲准备时间向参与者提供饮料。一组收到了无酒精饮料，另一组则允许喝酒精饮料。在这两组中，研究人员分别告知一半人，他们收到了酒精饮料，告知另一半人，他们没有获得酒精饮料。因此，在这两组中，50%的人得到了正确的信息（即信息与所提供饮料的实际酒精含量相一致），有 50%的人处于对其饮料的错误认知中。准备时间结束后，参与者进行了演讲。演讲结束后，他们评价了自己表现的机智程度、有趣程度以及独创性程度。那些认为喝了酒的人明显给了自己更积极的自我评价，不管他们是否真的喝过酒精饮料。但是这并非现实，客观的评审也评价了参与者的演讲：（自负的）微醉者的表现完全没有比清醒的参与者好。安慰剂效应也在此出现了。

不仅在酒吧，我们更容易相信那些自我表现的人，就连管理者也喜欢从别人那得到好的建议，最好是从令人信服的人那里。企业咨询已经明白了这个道理：一个优秀顾问对事物有明确的见解，那么他就是专家。安慰剂效应在这里也能起作用吗？南加州大学的实验刚好对此进行了测试：将演员梅隆·L. 福克斯（Myron L. Fox）"博士"，一位应用数学方法于人类行为方面的专家，介绍给被观察者。开始用几句话告知这组高素质的专业人士，这位"博士"令人印象深刻但虚构的简历。随后，福克斯"博士"的报告充满了矛盾和错误。在精彩的提问和讨论环节过后，研究人员要求被观察者对该演讲作一个评价。反馈是非常积极的：被观察者认为这是一场有趣的及有教益的报告，引人深思。大多数被观察者既没有注意到（明显的）错误，也没有质疑其逻辑矛盾，也就是说仅靠听众的期望就足以让人将演员认成专家！

也就是说，下次要在管理层、所在的领域或其他重要目标群体前作报告时，请你把自己当作福克斯博士。请相信：在你的领域，你肯定比福克斯博士在他的报告中更有经验。相信自己的能力，创造积极的期望，这会鼓励同事及员工对你的建议进行建设性的讨论。

例 4　市场营销：最重要的真是价格吗？

作为管理者，你肯定知道产品不仅仅取决于包装，质量也肯定很重要。但是，管理者能真正相信自己的判断吗？在市场营销中，安慰剂效果证明了相反的情况：管理者对产品的期望会影响管理者的感官知觉和行为，无论产品的客观质量如何。例如，在品尝葡萄酒的研究中，就可以看到这种倾向。参与者被告知，他们应该评价不同价格范围的不同葡萄酒，而实际上一直都是同一种酒。令人惊讶的是，被试者认为"昂贵"的葡萄酒比所谓"便宜的劣质酒"要好喝得多。凭空捏造的价格作为质量特征可以影响他们的味觉。

在另一个试验中，研究人员以不同的价格向学生出售了一种知名能量饮料。一组收取了饮料的正常价格，第二组可以以折扣价购买饮料。在这个试验中，被观察者完全知道它是哪种产品——毕竟是知名品牌，区别仅在于售价。尽管如此，紧接着用于测量被观察者智力的思考题结果是不同的。在这个测试中，以低价购买这种饮料那个组的表现明显比另一个组更差。

无论是葡萄酒、能量饮料、咖啡还是巧克力，安慰剂效应已被证明适用于各种产品。换到管理层，明确的结论是：永远不要低估自己的价值。要求高薪的管理者总是发出高质量信号：我值这个价值，你们会喜欢我的工作!

例 5　教育学：假象还是真相?

想象一下，你作为管理者拥有世界上最好的员工。你会如何表现？可能是不同的，满怀期待、高信任度并且满怀信心。只是可惜没有人告诉过你，每天在你面前的是一支怎样的顶尖队伍。那么你和你的员工也许就像在 20 世纪 60 年代参加了罗伯特·罗森塔尔（Robert Rosenthal）和莱诺尔·雅各布森（Lenore F. Jacobson）研究的一群学生一样。科学家告诉老师，某些（随机选择的）学生将是非常有天赋的，预计会有特别的成绩提高。一学年之后，"天才"智商上升幅度明显高于对照组。也就是说教师的期望对学生成绩有长期的影响，即使教师认为他对所有学生都是平等的。

这种效应也会起相反的作用：在一次试验中，8 名健康的人被安排到精神病院。入院后，他们表现完全正常。尽管如此，医生平均让假病人在医院待了 19 天，把他们诊断成了精神错乱"患者"。有趣的是，其他病人很快就注意到这种欺骗行为。"正常"和"精神病"之间的界限也许并不像我们想象的那样客观……

让我们把这最后一个安慰剂效应的例子转换到管理层。如果想要最好的员工，那么管理者应该一定要问这个问题：员工能不能带来更高绩效？或者管理者是否完全相信下属的能力？真相可能就在这里面。请思考这些问题。

四种管理者类型

各个领域中，安慰剂效应的道理都很简单：它们都是基于对事物态度的变化。在接下来的章节中，我们将了解到许多其他的现象和研究，它们表明我们的行为有多大程度会受到心理机制的影响。即使这种认识似乎是合理的，但是挑战在于将正能量应用到管理中。成功的管理者的目标，都能通过将经典的管理技能与正能量的力量相结合，来创造价值。图1.1说明了价值创造者的定位，同时表明了与另外的三种管理者类型的关系。

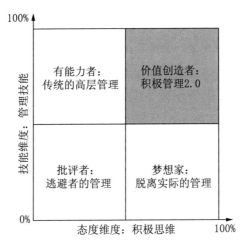

图 1.1 四种管理者类型

　　首先，有些管理者技能维度很高，却不重视态度维度，也就是积极管理。他们知道最重要的企业管理工具，可以运用它们，并以结果为导向取得优异的成绩。他们是令人信服的，管理着组织结构、任务、人员和流程，简而言之：他们是传统的高层管理者。这种类型在有魅力地表达理念，以及通过文雅的举止获得别人的信任方面非常出色。但是，在这背后还存在的问题是一直没有将正能量内化，而往往只是一种获得的行为方式。"有能力者"通过技能取得了很好的成绩，但对自己和员工都不满意，他通过专业上的卓越来弥补其缺少的积极心理学创造力。这不是印象管理，而是对事物内在态度的改变。正能量通过在管理中形成更乐观的基本态度提供指导，以此对正能量的认识就发挥了作用。

第二种管理者是"批评者"，这些人包括没有相应的管理技能就担任该岗位的管理人员。在态度维度上，他们处于较低的区域：常常作出批评，很少表现出积极的情绪。"乐观"对这类人来说是奢侈的，因此他很难构建创造价值的关系。这些人经常成为等级组织职业逻辑的受害者：他们通常是受欢迎的专家，通过提升自己来得到认可。但是，现在他们在管理岗位十分消沉，不是主动而是被动地作出反应。

为了让这样的管理者脱离"黑暗角落"，首先需要通过个人发展措施获得经典管理技能，其次考虑替代的职业道路。在两条道路中进行选择时，自身态度的深思熟虑特性就会帮助到这类管理者。正能量的内化有助于他们认识到自己的长处，重新定位自己在工作中的角色。在此基础上，每个人都可以找到合适的位置进行管理，以使自己的资源得到最佳的利用。

第三种管理者计划了很多事情，至少在他的想象中如此。"梦想家"描述伟大的愿景，未来前景是非常积极的，可惜他并没有把这种乐观的观点与健全的管理技能结合起来。因此，缺乏合理的实施方向，使得这些提议很容易脱离实际。仅靠积极的思考是不够的，与现实的协调是必要的。必须认识到可能产生的阻力，并为实施各种想法制定合理的战略。要利用乐观思维的巨大潜力来改变企业，就需要与实际的现实导向保持平衡：只有通过感性（右脑、情感思维）和理性（左脑、分析思维）的最佳组合，才能产生可持续、负担得起的解决方案。

第四象限——"价值创造者"，这种类型结合了管理技能和积极的态度，是一个最佳组合。强大的专业技能加上乐观的个性是成功的要素。

在接下来的几章中，为达到第四象限来创建自己的方案！乐观现实主义者的目标乍一看似乎是自相矛盾的，但正是这种直觉与理性、强烈感受与专注、以及乐观与实施导向的结合，创造了可持续的创造力和满足感。让我们再次强调：积极的态度是管理成功的必要条件，但不是充分条件。建设性的内在态度必须与企业日常联系起来才能达到最高的绩效。

自我测试：心态乐观

你的积极态度是怎样的情况呢？自我测试一下！

请用你最可能的内心独白回答以下问题。用✓选出你的答案。最后把你的答案记到答题纸上。每个答案都有一分。

例：
9. 你失去了平衡。因为：
D. 我在冰上滑倒了。

H. 我没注意。

如果你选择了答案D，请在答题纸上第9题D列做标记。

1. 你最近感觉精疲力尽。因为：

I. 我从来没有机会放松。

A. 本周我比平时忙。

2. 通常你讲笑话时的体验并不愉快，你只能从你同事那里得到礼貌性的微笑。这一次，你讲了个笑话，大家都笑了。这是因为：

K. 这次肯定是一个非常有趣的笑话。

E. 这个笑话我讲得非常好，无论是在时机还是语调方面。

3. 与其他参与者相比，在管理培训后，你收到的反馈相当不好。这是因为：

F. 我不像其他人那么有天赋。

L. 我没有好好休息，导致很难集中注意力。

4. 你在家里组织了一个成功的聚会。这是因为：

J. 那天晚上我特别有魅力。

H. 我是一个优秀的主人。

5. 你做了一次精彩的演讲，为你的企业赢得了被认为已失去的客户。你的同事赞扬你是救星。这是因为：

G. 我学了恰当的技巧，并处在正确的时间以及正确的地点。

B. 我知道在这种情况下要做什么。

6. 你想减肥，并尝试了新的食谱。可惜三周后你的体重并没有变化。这是因为：

I. 节食长期不起作用。

A. 节食还没起作用。

7. 你交给你的同事一份公司的营销传单草案，没有人认为这份草案令人信服。这是因为：

F. 我不是一名优秀的市场营销专家。

L. 我一定忘记了重要信息，或者准备过于匆忙。

8. 你收到一个新的工作用智能手机。你反复尝试运行该设备，但无济于事。这是因为：

D. 我不擅长技术。

C. 使用说明写得不好。

9. 你注意到，一个醉酒的司机在路上摇摆开车前进并叫了警察。

这会发生是因为：

E. 我特别细心。

K. 我正好注意到了这辆车。

10. 你忘记了伴侣的生日。这是因为：

I. 我不善于记事情。

A. 我忙于其他事情。

11. 在最近的公司聚会上，同事聚集在你身边。这是因为：

J. 那天晚上我特别有魅力。

H. 我在派对上非常善于交际。

12. 你经常和你的伴侣争吵。这是因为：

D. 我目前处于很大的压力之下。

C. 很难与他 / 她相处。

13. 你的同事祝贺你演讲成功。这是因为：

G. 我有很棒的演示模板。

B. 我是一名出色的演讲者。

14. 你从你的公司获得了一个重要奖项。这是因为：

G. 我解决了一个重要的问题或作出了重要的贡献。

B. 我是最好的管理者。

15. 你已经有两年没有因为生病而缺席工作了。这是因为：

K. 我有很好的基因。

E. 我健康饮食，并保持足够的睡眠。

16. 你必须开一个重要会议，并及时出发了。事实上，你自认为对这个城市很熟悉，但对道路不熟悉，你不确定你是否正确驾驶。不幸的是，你的车没有导航系统，而且你的智能手机也没电了。你在一个加油站停下来问路。你按收到的指示行驶，十分钟后才意识到开错了方向。你掉头但是当然已经赶不上会议了。你开错了方向，这是因为：

D. 我错过了一个路口。

C. 加油站的人没有给我明确的指示。

17. 你今年在股市上非常成功。这是因为：

J. 我的理财经理尝试了一种新的有效投资策略。

H. 在投资方面，我的理财经理非常棒。

18. 你的新伴侣想暂时结束关系。这是因为：

F. 我太以自我为中心了。

L. 我没有足够的时间和他／她在一起。

19. 一家大公司的企业负责人向你征求意见。这是因为：

G. 我是其要求领域的专家。

B. 我提供有用和实用的建议，所以经常有人向我征询意见。

20. 你有一个企业负责人岗位的面试，它进行得非常好，所以你会被邀请参加第二轮面试。这是因为：

J. 我在谈话期间非常自信。

H. 我擅长应对这种情况。

21. 你赢了一场网球比赛。这是因为：

G. 我花了很多时间在我技能的训练上。

B. 如果我真的想要的话，我可以做好所有事。

22. 你的医生建议你少吃糖。你的反应是：

D. 我必须开始更节制地饮食。

C. 这是不可避免的，多数东西都含糖。

23. 经过多次尝试，你的彩票中了 100 万欧元。这是因为：

K. 只要我玩得够频繁，我总会中些东西。

E. 这次我就是标了正确的数字，或在正确的店买了彩票。

24. 你被要求主导一个重要项目。这是因为：

J. 我刚刚完成了一个吸引了很多关注的项目。

H. 我非常擅长我所做的事情，我处理的事情都会成功。

25. 你为了成为一名优秀的高尔夫球手训练了很长时间。然而在与同事的年度高尔夫比赛中，今年你仍然打了一场糟糕的比赛。原因是：

L. 我不擅长这项运动。

F. 我不是一个有天赋的运动员。

26. 你对一个朋友极为生气。这是因为：

I. 他的性格不好。

A. 那天他心情不好。

27. 你决定参政，并竞选市长。但另一名候选人赢得了这次选举。这是因为：

D. 我没有为自己做足够的宣传。

C. 另一个候选人认识更多的人。

28. 如果你对自己坦诚，那你负责的项目就是成功的，因为：

E. 我一直密切监督和指导员工的工作。

K. 所有参与者花费了大量的时间和精力在这个项目上。

29. 你的股票处于历史最低水平。这是因为：

F. 我没有选择好的股票。

L. 我不了解证券业务。

30. 你无论如何不能达到公司中你负责领域的财务目标。这是因为：

I. 我和我的员工在资源限制方面不够遵守规则。

A. 我刚刚领导我负责的领域度过危机。

自我测试：评价

将第 D、F 和 I 列的分数相加。这个值表示你面临不幸事件时的悲观值。

0—6 分：即使面临不幸事件，你仍然保持乐观。

8—9 分：你面临不幸事件时的悲观值为平均水平。

10—15 分：你面临不幸事件时是悲观的。

将第 B、E 和 H 列的分数相加。这个值表示你面临令人高兴的事时的乐观值。

10—15 分：你面临令人高兴的事时感到乐观。

8—9分：你面临令人高兴的事时乐观值为平均水平。

0—7分：你面临令人高兴的事时是悲观的。

将你的乐观值中减去你的悲观值。这个值表示您的总体乐观值。

4分及以上：你拥有一个高于平均水平的积极心态。

2—3点：你处于平均水平。

0—1分：你倾向于悲观。

将第F和I列的分数相加。这个值表示你的希望值，表明你面临负面事件时还怀有多少希望。

0—4分：你满怀希望。

5分：你处于平均水平。

6—10分：你倾向于绝望。

三个层面：这本书的结构

你的测试结果怎么样？你面临好事和坏事时是保持乐观并相信自己的能力，还是你更倾向于悲观主义？不管你处在哪种水平：这本书不仅能帮助你更积极地思考，而且还能把这种效果的力量转移到你管理的成功上。通过阅读后面的章节，你将成为价值创造者，将管理技能与正能量的力量结合起来。

本书着眼于三个层面：个人、团队和组织层面，来为管理者提供具体的行为抓手。这个结构遵循一种内在逻辑，据此我们从小的分析层面到大的分析层面努力前行。图1.2说明了这一推理。将自己想象

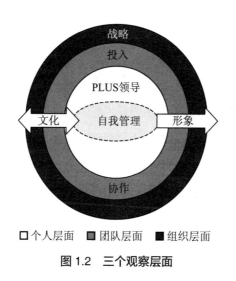

□ 个人层面　■ 团队层面　■ 组织层面

图1.2　三个观察层面

成一块被扔进水里的石头。就像你扔这块石头时，你自己决定了方式，因此你影响了这块石头泛起怎样的涟漪。首先对你的员工要直接沟通，但同时为了协作，也需要企业和创新文化，以及宣传的外部形象。

从分析的三个层面出发，第 2 章讨论个人层面的自我管理主题；第 3 章是关于理解和改变自身的领导风格，通过 PLUS 管理理念，了解一种基于积极基础原则的管理方法；在第 4 章和第 5 章，将着眼于员工或团队层面，了解如何利用正能量将员工的工作义务和团队合作提升到一个新的水平。后面的章节将关注组织层面：第 6 章将致力于利用正能量营造一个积极的企业文化；第 7 章则着眼于整体战略层面；学会如何通过正能量成功明确企业的长期定位；第 8 章侧重于企业外部，并表明如何通过改变沟通和营销措施，在大众心目中确定新的企业形象。最后，我们用第 9 章总结运用正能量给管理带来的机遇和挑战。我们提出了三个关于职业生涯的未来论题，这些论题说明了为什么现在是管理领域创造价值的一个新高峰时期。

总结：速效维生素＋

● 正能量是指由（自己或别人的）乐观态度、情绪和／或行动，有意识或无意识的处理引起的个体、一群人或组织创造价值能力的变化。

● 正能量作用机制的一个例子是安慰剂效应，这已在许多领域得到证明：所谓有效药物或产品、假标题或伪造的标签和错误信息可以改变人的行为和客观状态。

● 经典的高级管理人员具有出色的管理技能，但往往没有将正能量内生化。相反"梦想家"类型的管理者，认为世界是美好的，但在必要的专业技能方面，他还有进步的空间。对于未来的管理者，这两方面都是十分必要的：技能维度和态度维度都应获得高分。

2

自我管理：思考就会产生不同

"你生活的幸福取决于你的思想状态。

我们的生活是思想的产物。"

——马库斯·奥勒留斯，罗马皇帝及哲学家

　　管理者许多技能的发展都与其他人有关，例如，领导能力是在与员工的相互作用下发展的，这就需要社交关系使其显现出来；要展现执行能力，就必须存在一个人，你可以让他执行你的指令。

相反，正能量可以单独起作用，即不需要其他人的存在。更重要的是，首先必须明确你个人的基本态度和思维模式，以便能对你的环境产生积极影响。你坚定的信念触及显意识和潜意识的作用范围，这对你的感知结构和行为选择产生了巨大影响。应对成功和失败的能力代表了你的自我管理技能，这决定性地影响着你在日常管理中所能创造价值的程度。

在本章中，你将学到如何利用正能量来获得最大程度的成功。

潜意识的力量

想象一下，你在一艘船上，你想要乘这艘船到达计划的目的地。你要如何最好地实现这一目标呢？从逻辑上讲，应该是和船长一起努力！他有多年的工作经验，也就是说你可以放心地相信他，同时你可以管理"更重要"的事情。你甚至自愿地把方向盘交给船长，有时你可能会纠正他，但总体还是让他操控。

与想象中开船的情况相类似，我们的大脑也是一样的。先天，以及后天多年积累的经验决定了你的行为，导致你盲目信任它们。尽管你经常有意识地试图控制自己的行为，例如不吃薯条，或者争论时控制自己。然而，在大多数时候，大脑要操控比我们意识到的行为更多，这是有道理的。如果我们长时间思考每一个自发的行为，就很难进行正常地日常生活。我们的大脑是自然界的奇迹，它在我们意识到某些事物之前就认识了这些事物。

潜意识的力量在研究中越来越多地得到证明，例如柏林洪堡大学和伯恩斯坦计算神经科学中心的教授，英裔德国研究者约翰·迪伦海恩斯密切关注决策议题，他以本杰明·利贝特的著名利贝特实验为基础进行研究。1979 年利贝特实验曾引起了关于人类自由意志的激烈讨论，当时，利贝特发现，在人有意识地作出决定前几毫秒，运动皮层的神经活动就已经出现在大脑中了。海恩斯和他的同事们利用最新的技术进一步拓展了这个实验设计：他们的受试者被推进核磁共振扫描仪，通过分析受试者激活的大脑区域，在受试者有意识地选择按按钮前 7 秒钟，研究人员已经能够预测他们是用左手还是右手。在受试者自己意识到他们的决定之前，神经细胞的活动就暴露了这一有意识的决定。这个观察结果是令人震惊的！

现在，海恩斯研究的内容并不是复杂的决策过程，用右手还是左手按下按钮不会有太多的决策空间。但是，如果在有意识地作决定前7秒就已经能确定使用哪只手，那么相似地，我们有意识地进行更复杂的考虑过程，以及作出更复杂的决定，这也受到潜意识倾向的影响。美国研究二人组皮奥塔·温克尔曼（Piotr Winkielman）和肯特·贝里奇（Kent Berridge）就是研究这个方向，他们敢于研究情感领域，也就是当时情绪状态的影响。传统地，人们将情感定义为有意识的：你的感受如何？是快乐的、中立的还是悲伤的，你通常应该能够说得出来。研究人员让受试者在计算机屏幕上观察中性面孔的照片，这些照片必须被分为男性或女性。在参与者没有意识到的情况下，科学家在这些待分类的面孔中插入16毫秒伤感的、中立的或高兴的面孔，但是这种短暂的插入不能被人有意识地觉察到。

完成分类任务后，参与者将自己的情绪分为不同等级，例如从心情不好到心情好，或者从非常生气到完全不生气。在没有意识到的情况下，无论受试者面对的是愤怒的、中立的还是开心的面孔，他们对自己情绪有意识的评价并没有不同。在研究人员分析分类任务之后他们喝饮料的行为时，才变得有趣：那些没有意识到看到快乐的面孔的受试者，比看到愤怒的面孔的受试者喝得多，并且为点心支付了更高的价格。当受试者感到口渴时，这种效果尤其强烈。科学家们从研究中得出结论：我们的消费选择会受到情绪的影响，并且人们还不能在意识需要时辨别出这些情绪。

潜意识思维过程重要性的另一个例子是对人类创造力的观察。荷兰人狄克思特修斯（Ap Dijksterhuis）和泰恩·梅尔斯（Teun Meurs）的实验能够表明，即发散的创造性思维与潜意识过程直接相关。研究人员将研究对象分为两组：一个小组应在收到任务之后立即解决各种头脑风暴任务（例如，尽量说出首字母为"A"的职业）；另外一个小组在收到任务和解决问题间有几分钟的分神。在分析结果时，科学家们惊讶地发现，在此期间做过其他事情的小组为所有任务给出了明显更有创造性的解决方案。因此，可以说，潜意识的思维过程往往比有意识的冥思苦想能产生更有创造性的想法。不明显的联系可以更快地建立起来，形成新的见解和关联，即所有创造力的核心。因此，创造力是我们大脑统一潜意识和显意识过程最有效的工具之一。

想象一首由不同乐器共同演奏的交响乐，每一种乐器既明显又不引人注意，以复杂但和谐的方式协调一致，这种协调的产物是非常理想的。你的目标肯定是创造心灵交响乐，创造有意识和无意识过程相协作的最佳效果。与之相联系，我们可以知道，通过正能量进行自我管理意味着，要有意识地对你的思想进行加工，从而长期影响你的潜意识行为倾向，或者用荀子的话说：

积思成言，积言成行，

"积行成习，积习成性，

积性成命。"

（"留心你的思想，它可变成语言；

留心你的语言，它可变成行动；

留心你的行动，它可变成习惯；

留心你的习惯，它可变成性格；

留心你的性格，它可决定命运。）

特别是鉴于随着时间的推移而形成的固定过程和解决策略，创造力这个工具为我们提供了开发新想法和增强自信心的"钥匙"。有一些简单的方法可以在某段时间（例如在坐火车的时候）唤醒或提高你的创造力，我们做的白日梦就是其中的一部分。注意你的思想，当你分神时，看看窗外，但不要对此进行评分或评价。尝试与活跃的思想建立联系，将有意识的思想与潜意识的图像联系起来，不论它们有多荒谬。如果这样对你有帮助：不管你想到什么，随意的还是荒谬的，在笔记本上写下你的想法和主意。你会发现每天5—10分钟的休息是如何改变你对事物认识的，并且当你把它看作是产生创造力的思想休息时，它是如何对你的创新能力产生积极影响的。

上面的发现对你在工作及空闲时间的行为意味着什么？想想一开始所用的例子：注意你在船上，在这种情况下，你大脑到现在为止的目标很大程度上受你经验和基本信念的影响。悉尼心理中心负责人，著名认知科学家艾伦·斯奈德（Allan Snyder）的激进观点非常大胆地总结了我们潜意识的影响："意识只是你大脑的一种公关行为，让你觉得你好像还有别的话要说。"如果我们假设，大多数思维过程不在我们意识的影响下发生，那就产生了一个至关重要的问题，即我们能够在多大程度上对我们的思想和行为产生直接而积极的影响。我们还是有意识的活物吗？是我们生活的主角吗？还是只是我们的潜意识试图让我们相信这些？就像斯奈德所说的："我们的意识是大脑的公关行为"，这听起来既幽默又多么醍醐灌顶。但是这里有个关键点，你可以长时间地重新编辑你的潜意识。自己决定你大脑鼓励你采取哪些行为倾向，以及哪些心血来潮：积极的还是消极的？答案由你自己决定！

把潜意识的力量作为你的一部分，作为带给你快乐的取之不尽的想象能力。潜意识也许是神秘的，但它不是异物，与之相反它是一道保护墙，同时又是个通常对你有帮助的边界突破者。一旦你能够通过更有意识的思考，通过突破负面的感觉和想法，来使用这份力量并产生积极的影响，你就能够长时间地重新编辑你的潜意识。这反过来又可以在变化的情况下，对你的意识产生积极影响。你从自己的想法中获得能量，大脑不仅仅是让你处于显意识空间；同样，你也有能力、有意识地熟悉潜意识，并应对它们，只要仔细思考就可以了。

大脑中有意识和无意识的过程不是竞争者，不是一方持续支配另一方。相反这是一个高度复杂的双向交互关系，形象地说：这不是一条不可逆的单行道，我们自己掌握着转折点。也就是说，如果潜意识能强烈地影响我们的意识，那么我们的思想意识也可能对潜意识产生巨大的影响。所以我们可以产生新的思维螺旋，不管是积极的还是消极的，都是我们自己决定的。

在接下来的几节中，你将更多地了解大脑的消极倾向，以及积极上升螺旋的反作用机制，以便选择自己的人生道路。

"坏的总比好的要厉害"：灾难性的大脑

云朵覆盖了天空，使光线变得黯淡，一切都显得灰暗，甚至你的情绪也变糟了。你知道吗？在灰暗的光线中，许多东西是隐藏着、无法识别、一维的……云层的阻碍似乎对我们的感知及感受产生了影响。人谈到秋季或冬季时感到抑郁并不是没有道理的，这段时间由于光照太少而影响了情感世界。著名的美国心理学家芭芭拉·弗雷德里克森（Barbara L. Fredrickson）在她的书中有意使用云层的图片来反映积极情绪的力量，从而使人们注意到沉闷的情绪和较差的理解能力之间的联系。正如灰色的云层使环境看起来有点不自在，情绪会影响我们的感知能力以及感官的敏锐度。如果我们感觉不舒服、心情不好，这与阻碍视野的密集云层肯定是有关的。我们的想象力和创造力下降，我们会有持续压抑的心情。这又反过来影响我们的表现：完成任务需要更长的时间，我们找不到创造性的解决方案。

相反，在许多文化领域中，光与知识和认识相关联。感观通常与光线密切相关：没有光线，我们的眼睛就无法看见。同时也存在阴影，它们与积极性相偏离，并让我们马上又陷入沉思模式。例如，柏拉图的洞穴寓言：照到洞穴浅层的阳光并不能深入洞穴内部人们所在的地方，他们只能感受到火光投射在岩壁上的阴影。我们的幸福感同样如此：我们不接受幸福时刻清晰的光，让自己被其填满，而是马上使其相对化。"我真的配得上吗？难道我的成功不是巧合吗？赞美是合理的吗？"我们常常是那种通过相对化而背对这种光的人。相反，我们沉浸于夺走了我们力量、浪费、虚幻的投影和阴影世界中。

为什么我们大脑的程序是这样的呢？享受生活中的小事，而不是马上又把它们毁了，这样做不是实际得多吗？不幸的是，我们大脑倾向于把消极因素放在中心地位，并把积极因素挤到视线之外。美国著名心理学家马丁·塞利格曼（Martin Seligman）甚至提到了"灾难性的大脑"这一概念，即这个大脑倾向于接受最糟糕的解释。这种悲观主义的倾向与我们的进化历史有关：为了生存，在行动前，我们的祖先必须进行思考来评估危险和风险。那个时候低估风险很快就会导致死亡。危险是很常见的，如今我们仍能感受得到：我们的大脑倾向于问题化，这样正面信息几乎被扼杀或被挤到意识的边缘。负面信息比正面信息处理得更加仔细，美好生活事件的强大力量迅速消散。因此，中大奖一年后，彩票中奖者再一次认为自己的主观幸福水平与没有特殊生活事件（中奖）的人是一样的。这也是因为中奖的彩票玩家很少花时间思考，中奖前相对贫困的生活是怎样的，而只看到当前的问题。相比之下，事故受害者花了大量的时间思考过去的生活状态：他们不断地将自己现在有生理限制的生活与早先的生活状态进行比较。过去是理想化的，会产生一种怀旧的效果。你当然知道日常管理中的这种倾向："当我们的公司还是小规模的时候，人们仍然互相支持"或者"之前老板还认识每个人！"这都是对过去（过分）乐观地扭曲的例子。因此，当前的状态被贬低，心情也变得不好了。

诺贝尔奖获得者丹尼尔·卡内曼（Daniel Kahneman）和他的同事阿莫斯·特维斯基（Amos Tversky）利用了这种认知扭曲倾向，在他们的研究中证明，我们更愿意根据是否避免损失来作出决定，而不是根据是否获取利益来作出决定。因此研究人员彻底变革了"经济人"（人总是理性的，以利润最大化为原则采取行动的经济主体）的理念，并且证明了，对问题的认知会极大地影响我们的行动。想象一下，通过新手术能够治愈病危 900 人中的 300 人，或者通过新手术，病危的 900 人中有 600 人会丧生，单是不同的说法就对改变人的反应，这起到了至关重要的作用！

那么你能做些什么来克服大脑的消极倾向呢？无论如何，下面都是错误的做法：对自己说你还不够好，必须越来越好。这正是导致进一步螺旋下降而不是上升的原因。你获得了你所想达到效果的反效果：你会觉得你离你的理想形象越来越远。在这样的思维方式下，你的大脑专注于识别其他的弱点和错误。

替代这种方式，请再想想洞穴寓言来寻求光明。"哪里有光，哪里就有影子"，把这句格言反过来说：哪里有影子，哪里就有光！在日常工作中观察自己：你多久发现一次阴影，多久发现一次光？什么夺走了你的能量？什么赋予你力量？你觉得与同事合作愉快吗？去约会的路上，你在想什么？你是乐观地看待这一天，还是担忧比较多？注意这些看似乏味的思维，因为正是这些导致了螺旋下降。你的所有行为、你的存在、你声音的声调、你的面部表情，这一切都反映了你目前的情绪，除非你是个优秀的演员。但即使这样你也会耗费不必要的力气，长期来看也是不可行的。

让我们换个角度：在存在下降螺旋的地方，这个机制也可以以上升螺旋的形式发挥作用。以下几节将讨论这个积极的强化过程。

积极情绪的上升螺旋

芭芭拉·弗雷德里克森（Barbara L. Fredrickson）花费了大量的研究时间，来探索积极情绪的自我强化效应。她的"扩展和建构"理论，说明了积极情绪对表现以及自身感知的巨大影响，尽管只是从长远的角度来看。

她理论的第一部分是扩展方面，也就是积极情绪的扩展。这位科学家相信"谁拥有、谁就会得到"这一座右铭，坚持认为积极情绪具有自我加强的作用，并影响到生活的各个领域。这绝不是个偶然事件，而是一种情绪反映，我们可以从中不断地获得能量。这个扩展方面在芭芭拉·弗雷德里克森和克里斯蒂娜·布兰妮根（Christine Branigan）从 2005 年开始的一项研究中得到了解释：共有 104 个受试者被分成三组。三分之一的人让他们感到高兴，通过一个有趣的企鹅电影，让这些测试人员产生愉快的心情；另外三分之一的人在展示的视频中被迫面对愤怒和恐惧的情绪；第三组保持不变，处于中立的情绪。在操纵他们的情感后，所有的受试者都被要求列出他们当时想要做的事情。事实证明，积极情绪的群体特别具有创造性：他们的单子比其他两个组长得多。他们的好心情显然使他们发现了更多的建议和选择。因此，他们的联想能力也增强了，而且不仅如此，想法和可能性的增加通常是基于接收信息的增加。

也就是说具有积极情绪受试者的注意力增强了，他们思想的接受能力也增强了。反过来，更强的感知能力会造成更多的感观印象，而这对创造力和联想能力有影响。因而我们就涉及了弗雷德里克森理论的"构建"方面：积极情绪状态中产生的各种想法，实际上可以产生新的、更好的行为和解决方案。甚至从进化的角度来看，以这种方式来发展行为模式是有道理的：如果你长期增加你的行动选项，而不是本能的战斗或逃跑反应，那么你的生存概率就会增加。

芭芭拉·弗雷德里克森甚至说，积极情绪从根本上改变了大脑的工作原理，从而影响了我们与世界的相互作用。"相互作用"这个词在这里是一个关键词，它代表了互换：我们不仅感知到更多，并在此基础上产生更多想法，而且我们也相同程度地回馈给我们的环境、回报我们周围的人。愉快的心情会相互传递、唤醒和激活。这就在我们身上产生了积极情绪的上升螺旋，这种情绪通过增强的感知能力产生更多的想法、从而实现自己的再发展。更多的想法反过来会产生更高涨的热情和更高的成功概率，你甚至可以成功地在我们周围的人身上获得类似的效果。所以，如果你成功地用积极的能量感染到了员工和客户，所有参与者都会受益！

这种向上机制的描述听起来很简单，但是你该如何将消极和中性的情绪变成积极情绪呢？让我们回到柏拉图的洞穴寓言。想象一下你在洞穴深处，周围大部分是黑暗的，所以你没有看到太多的洞穴。只有一团小小的篝火发出了一些光，你知道洞穴上方的某个地方太阳照耀着，但你缺少向那里攀登的力量。此外你告诉自己，小篝火足够了，你对自己到现在为止的机会和习惯感到满意。然而，随着时间的推移，篝火逐渐变弱，失去了燃料。你需要新的能量来维持火势，你出去寻找山洞里的木头或其他燃料。对你而言，每个很小的部分都是合适的。收集了一些材料后，你想回到你的火堆旁。然而，在偶然的情况下，你发现了一条由洞穴通往真正光明的道路，而且最重要的是，攀登并不像你一直想象的那样费力！

你发现出发往往更有意义，而不是从一开始就想到可能的绊脚石和阻碍，这会一再提醒你，整个冒险可能注定要失败。不要问自己面临着什么、绊脚石有多大，你最好把精力放在你已经做到的，或者已经发生的事情上。如果你每天花几分钟时间有意识地关注顺利进行中的事情，那么你将会使这一天与忙于约会、与只考虑接下来可能会发生什么问题的一天大不相同。是你，而不是通常扎根于你思想的消极倾向决定着你的一天将如何结束。

如果没有发生任何事情，那么请微笑！这就足以拓宽你的视野。在实验中，弗雷德里克森通过计量方法能够确定，微笑时的肌肉活动其实能使接受能力增强。微笑使人敞开心扉，不仅仅是你自己，还有你周围的人也会敞开心扉，你的交流过程会更加顺利。根据加州大学伯克利分校哈斯商学院（UC Berkeley Haas School of Business）的研究，管理者的积极态度和个性一定会转移到员工身上。当你情绪上绝对不想笑时，你甚至可以骗过你的大脑。曼海姆大学的一个研究小组发现，即使是在嘴里叼笔做出的微笑表情，也会让参与者对之后展示的漫画做出更多幽默的反应。所以你的大脑不能完全告诉你，为什么你的面部肌肉已经笑了，但它会以积极的强化机制不受阻碍地作出反应。

当积极情绪出现时，谈判也会有更加丰富的内容，也会更加顺利。弗雷德里克森和她的同事们为了证明这一点，让受试人员进行了谈判。面对谈判伙伴，一个小组是积极的，另一个小组则被认为是消极的或中立的。如预期的那样，持有积极态度的那一组，在谈判中取得了较大的成功。有意思的是，在日常工作生活中，这种观点仍然盛行：深不可测的面部表情、或非常持久的谈判会带来更多的成功。弗雷德里克森认为这是"幻想"，因为"科学证实，以合作和友好的态度来到谈判桌上的人（即乘着积极的浪潮），会达成最理想的交易。"

你能做些什么来让你的船长（即你的大脑）来到积极的路线上呢？可以在下一节中找到一些建议，下一节主要讲习惯的改变。如果你设法把正能量作为标准反应融入到你的行为中，那么你正在朝着积极情绪及结果的不断上升方向前进。

改变习惯

正面的（负面的）经历，强烈地受期望以及后天学到的对特定事件反应模式的影响。根据以往的经验，人们往往会以特定的行为方式来对各种情况做出反应。不同形式的刺激（例如，视觉或听觉上的）可以决定性地影响你的行为。只要你不重新编辑你的大脑，你就会被强迫多次采取类似的行为方式。

你如何让你的思维模式持续地变化？通过做两件事：

1. 不要试图主动改变或消除旧思维模式。最好形成新的习惯，不要与旧模式作斗争！

具有讽刺意味的是，乌得勒支大学的科学家玛丽亚克·阿德里安（Marieke Adriaanse）建议，不要集中精力来戒除烦人的习惯。具有讽刺意味的是，集中精力戒除某种习惯往往会产生与实际意图完全相反的结果。像"从明天起，我就会减肥，只喝果汁"或者"我再也不会碰香烟"这些计划很少会成功。在头两三天，这个极端的策略还是起作用的，但是一直紧张地纠结于这一主题，往往会很快使这一行为取得相反的效果。以轻松的方式来开始这个计划，更有可能获得成功。想要竭尽全力做出改变，这对你有什么好处呢？这只会导致自我失望，并且浪费不必要的精力。

相反，将旧习惯与对你更为有用的新习惯结合起来是有意义的。例如，如果你沮丧的时候，喜欢从书桌抽屉里拿巧克力吃，你可以把这一常规和起身转一转、呼吸一下新鲜空气结合起来。这样你呼吸得到新鲜空气，同时不需要马上完全戒除旧习惯。如果你保持这一仪式足够长的时间，获取新鲜空气很快也会成为一种仪式。

而且，你不必一夜之间做到这一切，你也可以逐步弱化不受欢迎的习惯。同时给予自己奖励是十分有帮助的，为特定行动制定具体的激励措施，在行动之后你会立即感受到这一措施的积极影响。逐渐减少奖励，并仅仅在第二次或第三次做到新行动后进行奖励。形成对新行动的渴望，使这一行动成为一种习惯！如果你做到了，你就获胜了。通过这种方法旧习惯非常有可能会自动消亡。

另一个有利因素是（积极的）社会压力。告诉朋友和同事你的新计划，或和他们约好一起实践新的行动，承认失败或逃避会让你感到不舒服。通过这种方式，你可以将自己的动力与外部激励相结合，这将是无敌的混合体！

2. 让数字"3"成为你最喜欢的数字：遵循3∶1的规则。尝试创造比负面体验多3倍的正面体验。保持新习惯3个月，然后它们就成为习惯做法。每天早晨或晚上花 3 分钟时间，找出通往成功路上的潜在阻碍，并制定相应对策。

负面体验和挫折是不可避免的，它们是生活的一部分。然而，在研究上述积极情绪上升螺旋的过程中，芭芭拉·弗雷德里克森可以发现：只要你拥有负面体验数量 3 倍的正面体验，你就会处于生命的向阳面！因为你大脑更好地记住了负面体验，并认为它们比生活中美好的事物要更重要，那么你就必须采取对策。你收到一封恼人的电子邮件，坚持不要通过与同事闲聊这件事，或愤怒地回信来解决你的痛苦处境。相反，请你喝一杯好喝的咖啡或茶，给朋友写条友好的短信并期待他的答复，或者稍微晒晒太阳。其他人在 Facebook 上集赞，而你应该成为正面小事的收藏家。如果你问别人，想先听到好消息还是坏消息，大多数人（80%—90%）会回答：坏消息。把这个机制倒过来，请从积极的角度出发！

数字 "3" 在其他领域也有可能对你有帮助。青年科学家菲利帕·拉里（Phillippa Lally）和她的同事，要求 96 名志愿者在一天中某特定时间点，坚持超过 12 周的健康饮食或运动（例如，多吃蔬菜或每天散步）。这些科学家们发现，将新的行为化为自觉大约需要 3 个月的时间。这会比你本来直觉预期的要长，但这也表明：最重要的就是你要坚持下去！

你身上的一切，特别是你的细胞，都要经历不断更新的过程。这正是一个很好的机会。科学家们认为，大多数人类细胞每三个月就会经历一次这样的更新过程，因此我们以某种方式定期成为一个"新的人"。从这一认识中，弗雷德里克森得出了长达 3 个月的类似情况，在此期间，新的行为成为习惯做法："我们不能教老细胞学会新的本领，而应该把我们所有的希望寄托在新的细胞上。这里也清楚地表明，要从根本上调整我们的旧结构是没有意义的。更确切地说，重组过程是通过更新而发生的。我们用新的东西代替旧的，这每天都在发生，但我们并没有意识到，我们身体的细胞也不例外。"

还有每天 3 分钟的仪式有助于长期获得成功。每天早上或晚上花 3 分钟时间，不仅用来想象积极的新自我，而且还要用来思考成功路上可能存在的阻碍。如果有人不仅想象伟大的目标，还有意识地思考阻力和阻碍，那么他们在自身改变上会特别成功。

汉堡大学加布里埃尔·厄廷根教授（Gabriele Oettingen）在WOOP理念中运用了这一事实，这个缩写代表愿望、结果、障碍和计划，也被称为心理对比。这位科学家指出，当人们生动地想象出愿望时，例如，你向更高层次的管理层前进，那么愿望往往会变成现实。下一步，为了实现这个愿望，尽可能生动地描绘你的生活。想象一下，早上乘坐公务车，进入新的行政办公室，与员工或顾客举办会议。体会一下当你达成目标后，你会感受到的积极情绪！但是现在要了解现实情况：尽可能具体地考虑在途中可能会遇到的障碍。现在你制定一个计划：如果遇到障碍，你将具体作何反应？同时想想你对熟悉新习惯有怎样的认识，要以现实为根据。你的选择策略最好应该与旧习惯相结合，并在日常生活中可行。发挥创造力，要点是你要对情况施加影响，而不要让情况引导你误入歧途。

战胜危机

我们每小时犯大约3—5个错误。这些大多是微不足道的失礼，如咖啡溅了出来或把一张纸斜着放进了文件夹。但大危机也是生活的一部分，被辞退、不能得到梦想的工作、失去亲人或经历离婚，我们每个人都会经历困难时期。但有些人通过不利条件在职业生涯上更进一步，或者重新调整自己的私生活，而有些则放弃、需要很长时间才能从失败中恢复过来。首先在心理学家艾美·维尔纳（Emmy Werner）的考艾（Kauai）研究中发现了这种现象。

维尔纳与她的团队一起，跟踪调查了在夏威夷的考艾岛上 1955 年出生的近 700 名儿童，直到他们长到 40 岁。大约 30% 的孩子遭受了不利情况：他们在贫困的家庭条件下长大，或者父母生病。毫不奇怪，之后几年比在稳定条件下长大的孩子，这些孩子中的大部分都存在更多的古怪行为以及问题表现。但三分之一的参与者证明，自己是真正的面对挫折永不屈服的人：尽管情况不利，这些孩子还是积极地成长，找到了令人满意的工作，有稳定的婚姻和友谊。艾美·维尔纳和其他研究人员发现，有韧性的人与那些受到厄运严重影响的人相比，应对外部环境的能力有所不同。他们更积极地体验自己的生活、自信地处理问题、表现出一种相当冷静的性格、敢于承担责任，并会通过他人寻求社会支持。

也就是说，经历本身并不决定他们面对危机时的态度及其对个人的影响，而是心理层面的处理方式起到了作用。尽管存在负面的经历或困难的条件，但有展现抵抗力的能力，并积极看待未来，这被称为韧性。在物理学中，这个概念是指材料在变形后恢复到原来形状的特性。转换到人类，这个术语意味着，尽管危急事件可能会暂时导致我们的生活"变形"，但迟早我们会回到我们原本的基础状态。好消息是你可以训练你的韧性！多么自信地处理棘手事件取决于你可以使用的各种能量源。就像你在陷入下一个困难的工作项目前，提前确定好即将到来的假期，也可以补充用来战胜危机的资源。图 2.1 显示了构成你抵抗力的各种影响因素，即 M^5 模型。

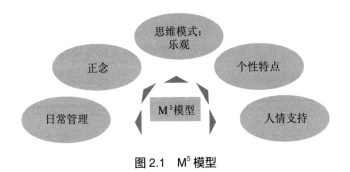

图 2.1　M^5 模型

你的韧性如何？在我们详细介绍 M^5 模型各种因素之前请先进行测试。

你的 M^5 特征

下面的测试是衡量在处理困难事件时，你有多大的抵抗力？诚实地、本能地回答这些问题。不要想太久，凭直觉在看起来最适合你的选项上打勾。

思维模式：乐观

你的乐观态度是什么情况呢？翻回到第 1 章，你已经计算出你的乐观分数。你的值有多大？……

表2.1 个性特点

	1 = 完全不满足	2 = 较不满足	3 = 较满足	4 = 完全满足
不管发生什么事情，我的心态都不会很快失去平衡				
我为我在人生中取得的成就感到自豪				
如果我真的想要某样东西，我也可以得到				
我喜欢挑战				
无论好坏，我相信人生中的大部分事情都是有意义的				
	4 = 完全不满足	3 = 较不满足	2 = 较满足	1 = 完全满足
我觉得我无法控制自己的人生走向				
我喜欢合适的东西，我不喜欢尝试新的东西				
处理变化对我来说很难				
我抱怨我的命运				
如果出现问题，我会想很久我做错了什么				

表2.2 人情支持 / 周围的人

	1 = 完全不满足	2 = 较不满足	3 = 较满足	4 = 完全满足
当我处于压力之下的时候，我至少和一个帮助我的人保持密切可靠联系				
在我生活中，我至少有一个可以信赖的人				
我需要时间来维护社交				
我和同事有很好的关系				
我有许多朋友，我可以和他们分享快乐、分担痛苦				
	4 = 完全不满足	3 = 较不满足	2 = 较满足	1 = 完全满足
在作决定时，我经常感受到的只有从容				
我觉得我真的不信赖工作中的任何人				
我没有得到同事的支持				
如果遇到问题，我经常不知道该联系谁				
建立新的友谊对我来说很困难				

表2.3 日常管理

	1 = 完全不满足	2 = 较不满足	3 = 较满足	4 = 完全满足
我的工作受到别人的重视				
当工作遇到困难时,我能找到解决办法				
总的来说,我的工作让我开心				
总的来说,我在工作中感到自主				
我有各种专业技能,所以我可以应对我的工作变化				

	4 = 完全不满足	3 = 较不满足	2 = 较满足	1 = 完全满足
我的工作压力太大,经常睡不到六个小时				
我在工作中感到精疲力尽				
通常我很难认识到我行为的意义				
我感觉自己经常被工作中其他人的情况和决定所支配				
如果失败了,我会很快问自己是否有合适的工作				

表2.4 正念

	1 = 完全不满足	2 = 较不满足	3 = 较满足	4 = 完全满足
当我有压力时，我会保持专注、思维清晰				
当我和同事或员工谈话时，我清晰意识到自己的情绪				
我经常花时间反思自己的个性和生活				
我可以应对像悲伤、恐惧和愤怒等不愉快或痛苦的感情				
我可以中立地看待情况，而不立即进行评估				
	4 = 完全不满足	3 = 较不满足	2 = 较满足	1 = 完全满足
在工作中我经常走神				
我希望我能更好地控制我的情绪				
我在空闲时间很难停止工作				
如果有什么问题我不想思考，我倾向于分散注意力				
我经常自动处理我的日常工作，而不去思考我在做什么				

评估

你在表 2.1—表 2.4 中 M^5 特征的各个方面都获得了多少分？把 M^5 模型每个方面的分数相加，然后在表格中适当的位置打叉。你现在可以看到你自己的韧性特征：哪一方面你已经达到标准了？哪一方面你应该继续努力？如果你已经在各个方面都获得了高分，那么你可以恭喜自己，你已经准备好面对困难的生活，并动用各个方面的资源。如果你的值还很小，不要低头，正如我们在下面的几节中所解释的那样，你缺乏的资源可以通过意志和有针对性的练习来扩充。

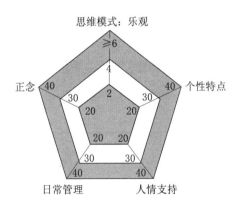

图 2.2　M^5 模型的个人韧性特征图示

M^5 模型：思维模式

　　乐观的态度使你感到成功、满意，使处理危机变得更容易。在第1章中，你已经了解了这种作用机制，并且在本章中补充了积极情绪的上升螺旋。但是，具体什么是"思维模式"呢？它描述了某种思考或从某个特定角度看待世界的倾向。当你感受到某种情况时，你通常有很大的解释空间。想象一下，当你的一位同事跑进来，大喊"你知道今天发生了什么事吗？"时，你就坐在你的办公室里。你现在可以用完全不同的方式来解释这种行为。例如，你可能认为你的同事有坏消息要传达，或者他想和你一起庆祝他的晋升。除了情景的影响，以你对你同事的了解，并因此知道他是否经常做出这种反应，你的思维模式对解释尤其重要。你对当前情况有各种各样的解释，而你的思维模式减少了可能的解释数量，是一种感受过滤器。

　　基本上可以分为两种乐观的思维模式：先天的思维模式和后天学习的思维模式。先天的乐观可以被视为一种人格特质，某些人看起来很容易陷入积极的期待中，也就是说，相信会有好的结果。但是这种人不仅幻想，而且通过自己的乐观态度变得积极主动。尝试各种策略，寻求挑战并且把差错视为发展机遇。然而，研究人员基本上认为，乐观并不完全是天生的倾向。相反，我们每个人都能有意识地学习和发展乐观的心态！

练习：发现积极的事物

你能做些什么来加强对每天发生在你身上正面事物的认识？甚至在完全不同的光线下，你会怎样看待各种情形？挑战自己：拿30个硬币（或者豌豆、弹珠或者其他你手头有的小物品），早上把它放在你的左口袋里。每次你经历正面事情时，从你的左口袋拿一枚硬币，放入右口袋：秘书的笑容、食堂里你最喜欢的食物、一个不受待见的任务顺利完成……成为小的积极时刻追寻者！晚上，通过计算你右侧口袋里的硬币数量来回忆一下你的正面体验。一开始，这个任务对你来说可能是困难的，你想知道究竟什么可以被认为是"美好的"。请对自己诚实：只有当你感到真的快乐时，硬币才能换裤兜。如果在一段时间里，都只有一个硬币：不要强迫自己，放松一下。

通过加深对正面时刻的感知，这个练习可以来防止小事在日常生活的喧嚣中消失，以此来引导你向上前行。你很快就会意识到你形成习惯了，今天就开始吧！

M^5 模型：个性特点

除了乐观的思维模式外，其他个性特点也会影响你如何应对危机。首先高度的情绪稳定性、良好的自我价值观念、对新事物的开放性、高度的自我效能感以及有意义的感觉对处理困难事件是至关重要的。虽然这些能力不一定能在最短的时间内锻炼出来，但是，个性特质还是可以改变的，它比我们想象的要多。

能很好地应对危机的人，知道生活中什么对他们是重要的，而且不会变化无常。这种态度不能与刚性或不灵活性相混淆，恰恰相反。从他们固定的基础出发，这些人接受新的方式，他们对现象进行思考，但不只停留于现状，而是积极主动地根据自己的经验安排自己的未来。这种内在的平静与积极的自我价值观念，以及高度的自我效能是分不开的。

在研究中，后者引起了很大的关注，因为它是个人和职业成功的最强预测根据之一：自我效能描述了能够利用自己的能力成功地处理情况和任务的期望。这并不意味着根本上否定负面情况的出现，而是说你自己发挥影响力的可能性，这在生活中扮演着重要的角色。首先自我效能以过去的成功为基础，还有一个基础是要使自己意识到自己的能力和成功！重要的是要思考自己对良好情况的贡献，对自己的能力进行美化肯定是有益的：科学表明，特别成功的人是那些把失败更可能归因于环境、认为失败能够改变，而把成功则归因于自己那些人。

除了你自己的成就之外，你的自我效能也可以通过别人的代位成功来提升。如果成功的人和你是相似的，或者在相似的情况下行事，这种效果尤其明显。在私立 WHU 管理学院这种效应也被称为扎姆韦尔（Samwer）效应。除了企业家培训之外，WHU

的校友，例如火箭互联网（Rocket Internet）的成功创始人奥利弗·扎姆韦尔（Oliver Samwer）的榜样作用正在推动这一领先地位。学生们发现，和他们拥有类似情况的榜样从大学中走出来后成功了。因此，他们的自我效能可以间接地提升，特别是在受到支持性环境鼓励的情况下。这也处于积极情绪上升螺旋的作用范围内：积极情绪可以提高自我效能，而压力或生理焦虑反应降低自我效能。

有韧性人的另一个特点是，总的来说，他们认为自己的工作和生活是有意义的。即使出了问题，他们也坚信这总体是有意义的。意义不一定要由明显的宗教信仰给出；它也可以通过对某个人或某群人（例如自己家庭的义务），或者通过对某件事（例如无偿义务工作或工作）的投入产生。

这里我们要记住：这是一整套可以降低处理危机难度的个性特质。在回答和计算我们韧性测试的过程中，你已经注意到你在哪个方面已经很好、哪些方面还可以继续发展。再回忆一下科学的最新发现：即使是个性倾向也是可以改变的。

在做本章的练习时，开始你可能会感到奇怪。特别是西半球的人往往认为谦逊、感恩以及集体归属感是深奥的。如果你内心排斥做这个练习，那么上述练习是没有效果的。相反要相信科学，找到自己的方式来运用正能量，并将其融入到自己的个性中。

练习：扩充资源

记住你已经处理的五大生活危机。也许你必须挺过失业、分离、心爱的人死亡或失败的项目。什么有利于你应对这些情况呢？你能指望哪些人？谁是榜样？你是如何支撑自己的？以书面的形式回答这些问题。然后考虑如何在不加批判的情况下扩充这些资源。最后寻找一张代表着你个人最强大能量源的照片（或拼贴画）。把这张照片放在一个容易看见的位置，或者每天随身携带，以记住开发自己个人资源的必要性。

M^5 模型：人情支持

在工作中、在朋友圈里、在自己的家庭中，强大的人脉网络可以帮助你渡过危机时期。来自（配偶）伙伴、家人和朋友的社会支持对生活质量有着积极的影响，降低得抑郁症的概率，甚至能让你活得更久。尤其对于那些习惯独立行事、靠自己过日子的管理人员，请求支持可能是一个挑战。离开自私的路径，相信自己！作为回报，践行你的慷慨：帮助你的同事，积极寻求使他人发展的方法。消除消极的沟通和诽谤，成为别人愿意花时间的人。花些时间和别人一起玩，而不一定追求某个特定的目标：咖啡机旁的闲聊或者和同事下班后去喝啤酒。投身于深层人际关系，给予尊重、做到亲切有礼。正如你想信任别人一样，你周围的人也应该能够信任你。

练习：行善日

通过这个练习，你不仅可以对别人的生活产生积极影响，也可以让自己更快乐。为此开始在一周的某一天做五件善事，例如：捐点小礼物、为某个社会项目花时间，或者为你的老邻居购物等。由罗伯特·埃蒙斯领导的一个研究小组发现，每周一天的感恩活动比每周三次践行这种仪式更能成功地提升满足感。这一发现可以解释为以1：6的频率，"行善日"依然是本周的亮点，会对此进行有意识地思考。如果过于频繁重复，你就不会太多地考虑你想要做哪些正面行为，而是重复做类似的事情，仪式就变成了习惯行为。因此请坚持每周有意识的行善日。

M⁵模型：日常管理

工作本身也可以作为一种资源起作用，例如，如果你在私人领域遇到冲突，或者要经历一段繁重的工作时间，那么你在工作场所所体会到的尊重就会有所帮助。工作中自身权力经验，以及整体上做正确事的感受也对处理危机有辅助作用。有意思的是，工作中的感受主要间接地受到管理者的影响。作为一名主管，你可以设计一种情景，在这一情景下你的员工会认为自己工作是有意义的，但每个员工都必须形成自己的感受。针对这一认识，科学家凯瑟琳·贝利（Catherine Bailey）和艾德里安·马登（Adrian Madden）就工作中的感受采访了来自10个行业的135名员工，研究人员发现，管理人员通过授予更有趣的任务，以及创造有利的框架条件（参见第4章的IMPULS模型），可以创建让员工喜欢工作的环境。相反无意义的工作可以直接由管理人员指派，例如填写多余的Excel电子表格，或分配不灵活的官僚程序。因此，科学家建议管理人员告知公司的目标和价值，并向个人指出他的工作对实现这些目标的贡献。

正面的日常工作是有益的，而不利的工作条件会使渡过危机变得更加困难。首先针对管理者的负面影响因素，是疲劳以及工作中缺乏睡眠。每周一般工作时间超过55小时的人比正常工作时间为每周35—40小时的人，心肌梗塞以及心脏病的发病风险要高得多。缺乏睡眠会让你更加烦躁，并使你的决策能力变得糟糕。尽管如此，较长的工作时间以及睡得少仍然可以作为管理人员负荷能力的标志和证明。一半以上的管理人员对睡眠质量不满意，不过CEO对4小时的夜晚和持续睡眠的可达性还是感到很得意。FOMO现象（Fear of

Missing out，即害怕错过）是常见的：在一份典型调查中，1 000 名受访管理者中有 27% 的人声称直到睡前不久还是可以拿到笔记本电脑或智能手机，21% 的人上午第一个活动就是检查新消息。确保你的工作成为力量源泉，工作上的快乐是能源提供者，但是请记住，在工作之外的生活也是能源提供者。

除了客观可测量的压力因素外，主观感受到的压力，对身体和精神的一致性具有决定性作用。在处理压力方面，自身态度的影响力再次表现出了强大效果。例如，美国阿比奥拉·凯勒（Abiola Keller）研究小组的一项研究显示，首先对于近 29 000 名受访者中的一部分人，高压产生负面影响，他们表示压力使他们的健康受到威胁。他们的死亡风险要高出 43%。然而，风险最低的不是那些压力很小或没有压力的受访者，而是承受着很大的压力，但并不认为这很危险的那些人。

你能从中得出什么？你的工作可以成为一种资源，这一资源有助于你获得幸福。一份填满你、具有挑战性，以及提升你自我价值观念的工作是困难时期的缓解因素。明确你工作的保护作用，认真思考你对压力的态度：哪些压力对你来说并不危险，甚至可能提高工作能力？真正困扰你的是什么？例如，如果您发现大量的会议使你更有效，但经常出差会导致疲倦，那么会议让你更受人重视。同时尝试进一步减少出差的压力因素。工作对心理健康至关重要，压力不会自动变坏，这也取决于压力及减压与自身态度间的平衡。

练习：认清思维模式

在多大程度上，你过去的职业是你的资源？你什么时候特别幸福？你感受到多大的压力？通常这有助于通过认识整体形象的形式来认清自身的发展。当绘制自己的"生活曲线"时，往往能够看清隐藏的联系：多大的压力对你有利？你生活中真正的压力来源是什么？

拿一张纸，花半个小时做一下这个练习。确定4—5个标准，据此来评估你过去的经历。在你的纸上绘制一个具有两个坐标轴的坐标系，横线表示你的年龄或年份，竖轴测量数量，即相应标准在不同时间点有多小 / 多低或者多大 / 多高。现在对不同年龄段的标准进行评估，图 2.3 显示了这样一个生活曲线可视化的例子。反思一下：你什么时候特别幸福？工作对你而言有多大意义？还有哪些其他因素对你的幸福特别重要？

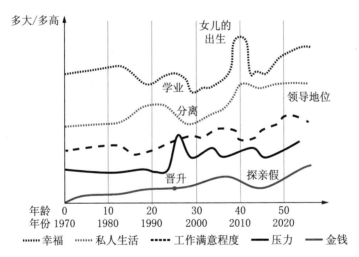

图2.3 可视化的范例生活曲线

利用这个练习，真正地作为一种资源来分析和规划你的工作。你可以影响你其他生活曲线的形状，特别是通过小的、日常的、积极的决定，而不是通过彻底的改变。

M^{5}模型：正念

正念通常用德语翻译成"Achtsamkeit"，它代表对自己的思想、身体以及环境有意识的观察和感知，此时此地的存在，调整自身的（非评判性的）注意力集中于当时正在发生的一切。虽然这个概念几年前还被人质疑，而且稍微有些深奥的意味，但是正念的理念在工作领域中越来越受欢迎。还有一个原因是，现在大量的科学研究已经证明，通过正念培训可以提高员工的工作能力。

起初是体育科学领域对这个理念特别感兴趣。提高自身成绩的优化过程不仅由身体决定，思想也起着决定性的作用。对自己的身体、感觉、肌肉反应和肌肉收缩，以及呼吸的定期自我认识，所有这些都有助于有针对性地感知自身活动，并对其产生积极影响。例如对于竞技运动员来说，它可以成功地在比赛开始前，使自己意识到他们目前所体会到的感觉印象和感受。通过这种自我倾听，可以感知、接受、（重新）分析紧张局势，并最终用来提高自己的成绩。例如，许多竞技运动员采用的练习是所谓的身体扫描，在这个过程中有意识地从身体的一部分感受到另一部分，并注意到所感受到的情绪。与专注于放松身体各个部分的放松练习不同，正念干预只涉及对身体有意识的感知，以及如何将思想集中到此时此地。

在体育领域取得积极成果的基础上，研究人员研究了在工作环境中加强正念的效果。例如，在一次对 48 名参与者的研究中，一个加利福尼亚州的研究小组表明，一次为期两周的加强正念训练计划，提高了工作记忆能力以及阅读理解成绩。放松练习和正念练习同样有助于减少压力，但似乎只有后者有防止分神的附加优点。这种训练也强化了免疫系统，甚至可以导致大脑活动产生可测量的变化。作为管理人员，你有几个理由让自己和你的员工熟悉正念练习：他们变得更加乐观、能更好地应对压力、能集中工作中的注意力，提高免疫系统的防御能力。

正念与当今工作中常用的多任务处理（即同时执行多项任务）相反。通常我们在执行工作时会让自己承受压力，因为时间是短暂的，感觉是这样、实际也是这样。所以我们永远有种要在最短的时间内完成尽可能多任务的感觉，或者更呆板地说，必须做完所有工作。但是"做完所有工作"对于工作质量意味着什么呢？而最重要的是：这对你意味着什么？当我们谈到"完成所有工作"时，我们对工作有怎样的认识呢？这个表述不能证明任何特别积极的，甚至是值得留意的观点。

置身于这种"自动驾驶模式"，就要求快速、最好同时完成多项任务。"多任务幻想"表明：当我们有许多事情要做时，我们会感到生产欲望，而我们的身体甚至会释放幸福激素——多巴胺来奖励我们。然而，生产力不能等同于这一过程完成的数量，更确切的说是与工作过程的质量相等。在有效行动的假设下，我们很容易忽视这样一个事实，即不仅工作过程的质量有问题，而且时间往往也会延长。我们的主观感觉否认了这一点，因为多个过程同时进行会比每个单独过程依次发生更快地达成目标，这听起来是合乎逻辑的。但是多任务处理真的值得追求吗？

　　想象一下，你上网并找到了几个你想下载的文件，你兴奋地点击每个文件。但是根据的线路和容量，只会发生与期望相违背的事，下载速度变慢了。在最坏的情况下，不再有文件被无误地下载下来。当同样不得不同时进行多项活动时，你的大脑会做出反应：首先它会产生压力荷尔蒙，并试图同时完成所有事情。然而，你真正做的不是同步处理，而是在各个任务间快速切换，因为我们的脑容量是有限的。就像计算机处理器不是无限容量一样，我们的大脑也不能随意地同时运行许多复杂的程序。只有咀嚼或跑步等自动化行为才能几乎不消耗注意力资源、与其他认知过程同时发生。但这并不是真的可取，因为我们对于自动进行活动的享受会消失，例如，如果我们其间随便吃点东西，我们的大脑就不会把它作为完整的一顿饭来储存，像口水减少、消化不良、肥胖和压力感增强等消极影响就是后果。而且因为要不断切换不同的任务，你也需要更多的时间。美国的一项研究通过 4 个实验表明，当你在已知和未知的任务之间切换时，要消耗特别多额外的时间。例如，如果你正在从事一项例行任务，那么特别不好的是，你一直因为同事或客户的问题而分心。即使是看起来很短的三秒钟的干扰，例如电话铃声或电子邮件通知闪烁，就足以使错误率加倍，并使你的注意力集中程度降到最小。使用不同媒体频繁地处理多任务，甚至可以反映在改变的脑结构中，导致抑郁和社交焦虑。

你可以做什么来避免被多任务幻想所驱使？区分你任务的优先次序：哪一个具有优先权而且是非常重要的？哪个还能再等等？许多管理人员只在一天的特定时间段内处理电子邮件和电话。现在有很多程序防止你看到你个人的"分心网页"，如新闻频道或社交媒体网站。试着通过告诉你的员工和同事，你的无干扰工作时间来减少中断：你当然不是唯一有这个问题的人！在正念方面，要为自己和他人树立榜样。

下面的练习可以帮助你训练你的正念，从而更好地感受此时此地的情况。从长远来看，通过使用这种方法不会使时间变少，而会使时间变多！

练习：观察思想及暂停思考

观察你的思维过程，例如在坐火车的同时向窗外望去。注意你是如何思考的，你在想什么？为什么你在想这个？你遵循怎样的思路和联系？你是否很快就摒弃消极的思路？你在苦思冥想？如果你注意到这一点，试着抵制这个过程。

这不是扼杀消极的感受和想法，不是按一下按钮，就能将它们变成正能量和积极的感受，例如，如果你感到恐惧或愤怒，这是现状，并不意味着你是个胆小或易怒的人。首先应该通过观察你的心路历程，逐渐了解你的思维方式。

这也意味着你更主动以及更努力地感知你的环境。环顾四周，你看到了什么人？他们穿着什么？你闻到哪种气味？你听到了什么？你看到哪些颜色？明暗度怎样？有渐变吗？如果这对你有帮助，你可以写下你的感受，不要评估他们。如果你以后再读的时候，你可能会发现更多你以前不知道的思路或思维模式。你越多地、主动地、有意识地把这些留心的观察融入你的日常生活中，你就越能更好地把握你的感受和想法。这涉及意识的增强，这能让你找到新的思路，摒弃旧的思维方式。

　　第二步，你现在可以尝试有意识地打断负面的想法。只要你意识到你正在陷入消极的思维螺旋，想一下休止符。为自己设定一个清楚的思想休息期，例如有意识地花两分钟从你的沉思中出来休息一下；想一些美好的事物、或者故意将注意力集中在对某一对象的观察上。通过这种方式，你可以中断负面循环，并回到此时此地，从而你可以控制你的情绪。这种"分心"以及对自己的思想和感情进行有意识的控制，不仅是许多宗教和哲学教学的基石，也长期地增加了你的幸福感。所以，让我们用约翰·列侬的话来结束这一章："你不是你的情感，你有情感并且你可以控制它们。"

总结：速效维生素＋

- 积极的自我管理是成功管理的基础。你的行为和决定受到潜意识思维过程和情绪的影响，无论你是否想要这样。请重新编辑你的（潜）意识！

- 我们的"灾难性的大脑"倾向于把负面事物放在中心地位，并把正面事物挤到视线之外。我们更愿意避免损失而不是获取潜在收益。

- 积极抵制这种消极倾向：通过用新习惯取代旧习惯，来形成积极情绪的上升螺旋。努力体验是负面事物数量3倍的正面事物。

- 危机是生活的一部分，因此请通过扩充 M^5 模型中的资源来在某一固定时间增强你的韧性。①思维模式—乐观；②个性特点；③人情支持；④日常管理；⑤正念。

3

PLUS 领导：通过积极启动效应进行领导

"如果你想造一艘船，不要把人召集起来去购买木材、分配任务以及分工，而是要教会他们渴望广阔无尽的海洋。"

——圣艾修伯里，法国作家、飞行员

什么是好的领导？这个问题是管理实践和学术研究中最为广泛讨论的题目。普遍认为，没有哪一种领导方式能从始至终带来最佳业绩。一种领导方式所带来的效果取决于具体情况，如员工的性格和精神面貌、工作任务以及公司背景。

在本章中，我们将通过引入"PLUS 领导"这一概念，介绍一种在运用启动效应情况下的方法，这种方法把使用正能量与员工管理的传统元素联系起来。因此，这种领导方式将无意识而积极的思考过程同成熟可靠的领导能力结合起来，有助于公司在不断变化的环境中取得成功！

"PLUS"这个概念是由领导力的四个组成部分的首字母组成的：①积极启动效应（P）；②引导（L）；③支持（U）；④自我负责感（S）。接下来将详细介绍这四个方面的主要观点。

PLUS领导

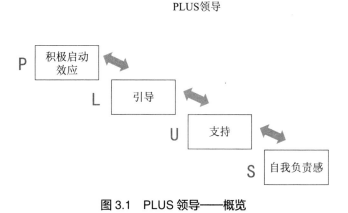

图 3.1　PLUS 领导——概览

积极启动效应

"Priming"这个概念的字面意思更多的是"准备"或者"预备"。从社会学的角度来理解那就是，人的行为仅仅会由于短暂的刺激而发生改变。严格来说，由于对刺激（Prime）的处理，某些行为方式变得更有可能或者更不可能出现了。在考虑如何在领导行为中使用这种机制之前，我们先通过几个例子对其进行说明。

想象一下，你需要用一组词语造句。这一组词语中有"老的""慢的""感性的""保守的"或者"口渴的""蓝色的"和"干燥的"等。你用这些词造句并且提交给测试负责人，他告诉你，这是一个测试工作记忆速度的任务。由于参与测试，你获得了10欧元并且可以离开试验室。然而，其实当你走向电梯的时候，真正的试验才开始：在你不知情的情况下，研究者继续观察你并且测量你的步行速度。如果你之前得到的词语是前四个（"老的""慢的""感性的"以及"保守的"），那么你很有可能比得到中性词语（"口渴的""蓝色的"和"干燥的"）的人走得更慢。大脑对于"年龄"无意识的探索以及不同的消极或者中性的联想改变了你的行为！那么，你就被"启动"了，也就是说，通过对于词语的处理，你接下来的行为已经被决定好了。

科隆的科学家克里斯汀·基什内尔（Christine Kirchner）、伊娜·沃尔克（Ina Völker）和奥特马·博克（Otmar Bock）表示，这样的效果也可以产生积极的作用。使用上述"词语混合"的方式进行测试，与上述试验结果相反，参与者使用积极的、有关年龄的词语造句，得到积极"启动"参与者的测试表现优于使用中性词语造句的参与者。研究人员发现，事先被积极激活的人能够更快地完成任务。

神经元的活动扩散可以解释启动效应所带来的结果。根据扩散激活模型（Spreading Activation Network），我们可以将人脑中的词语或者概念表示为存储节点，这些节点相互连接并且组成了一个巨大的网络。如果激活一个概念，则会通过所有联结影响周围所有的节点：语义相关的概念将会被激活，如同白炽灯一样。通过对词语的感知，相应的节点就被"打开了"，并且将其光芒照射到周围存储的概念上。这些"被照亮的概念"会更容易被记住，甚至会影响人的行为——如上述年龄测试模型所示。

那么，如何将启动效应的理念运用到对于管理和领导员工呢？我们再来回顾一次这个概念的核心：通过短暂的刺激改变接下来的行为。在日常生活中，你对你的同事或者员工说的即使是很短的一句话，也会影响他们反应和行为。很明显，这与偏见是密切相关的：你有多少次不经思考就表达了政治上可能不太正确的看法？不要低估这种行为的后果——你启动了你合作伙伴的行为！

因此，积极启动效应是所有管理的开始。我们已经在第2章中了解到了积极自我控制的基础，其中，拓展和构建理论不仅会扩展我们自身的行为方式；通过积极启动效应，你还能扩展员工的思维世界和行为空间。因此，员工的个人成长能力得到了促进和发展，即他们提高自身能力的能力和动力。通过使用积极启动效应，你甚至能够提高员工的理解能力。一项研究通过两个实验表明，相比处于中性或者消极情绪的参与者，处于积极情绪的参与者能够更好地认出来自不同种族的人的面孔。前者更接近于我们所谓的"脸盲"。

此外，启动效应有助于目标的实现。大多数管理者遵循"目标管理"原则进行管理。企业的管理人员每年都要花费大量时间与员工讨论上一年的业绩，并且确立未来的目标。其基本思想是，这些目标具有激励作用，并且能够影响员工的行为。然而，针对这种管理方法一直存在大量的非议：由于环境是不断变化的，目标的制定往往显得不具体、不灵活以及过于长远，这就无法对员工的行为产生长久的影响。根据不同的研究结果总结显示，企业干预措施反馈的三分之一甚至会导致业绩的下降，而不是有针对性的改进。

那么，如果你通过每天为员工设立确定的目标，而不是设立一年的目标来激励他们，情况会是什么样呢？美国科学家约翰·A.巴格（John A. Bargh）的调查结果证明，这个方法是有效可取的。他和其他科学家一起，在不同的实验中证明，无意识的目标会影响受试者的行为，使其朝着预期的结果工作。他认为，有意识和无意识的目标之间没有区别：这两种形式都会影响员工的行为。阿曼达·山茨（Amanda Shantz）和加里·莱瑟姆（Gary Latham）的一项研究，也展示了积极启动效应是如何影响工作的：研究人员向呼叫中心的一组员工展示了一张赢得跑步比赛的女性照片，然后将他们接下来的表现同没有看到这张照片员工的表现进行比较。研究表明，在接下来的电话募捐活动中，受到积极启动的这组员工明显表现更好。

需要注意的是，启动并不意味着洗脑！这是非常重要的。相反，管理者能够帮助员工发现和扩大自身积极的潜力。作为管理者，可以通过不同形式的启动效应影响员工：语义、情绪以及程序启动效应。

语义启动即使用词语对相应的记忆内容或行为施加影响。上文将使用积极和中性年龄词语造句、进行对比的词语混合测试便是一个典型的例子。这种启动形式通过激活特定的理念（例如老的、活跃的、聪明的）来影响之后的思考或行为。

而情绪启动则指心情或者情绪的传播。如果向受试者展示一个可能会触发负面反应的物体（例如蜘蛛），那么，比起积极的形容词，受试者会更快联想到负面的形容词。原因是，这个负面的刺激已经引发了负面的反应（"效应启动"）。这样可以使人更快地朝着启动地方向反应，例如，在上例中朝着消极地方向反应。当然，效应启动也有积极的方向。在日常生活中，当你读到一封友好的邮件或者听到了一个笑话，那么，对于接下来发生的事情，你会用更加积极的态度去看待。你会认为没有明显情感表露的同事心情很好，或者认为同事的讽刺和挖苦是幽默的玩笑。

以上两种启动方式主要是以激活在神经网络中相互联结的概念为基础，而程序启动是相同思维模式的转移。如在德国社会心理学家托马斯·穆斯魏勒（Thomas Mussweiler）的实验所示，一个"认知程序"被重复进行：受试者在一系列的照片中寻找相同或不同之处；紧接着，一位正在适应学校生活的女大学生向受试者描述自己的生活，受试者需要根据她的适应能力将大学生的日常生活同她所描述的生活进行比较。在这种情况下，启动效应也发挥了作用：相比在照片任务中着重寻找相同之处的受试者，集中寻找不同之处的人在对比任务中会更加强调女大学生生活的不同之处。大脑使其变得很轻松，因为只需继续使用已被激活的思维模式。

为了更好地利用积极启动效应，反思自己平时语言和非语言上的交流行为是很有必要的。这与我们在第 2 章讨论过的正念方法联系紧密：只有当你清楚自身的行为，才能有针对性的在积极的方向上施加影响。因此，为了在管理员工时充分利用这种积极的作用，管理者必须首先反思自己的行为，即使这会感到不舒服。想象一下：权力并不能总让人表现出自己最好的一面，一组美国的研究人员在 2000 年通过"饼干测试"证实了这一点。他们让 3 个人为一组，用 30 分钟讨论有争议的社会问题。在讨论开始之前，选出一名受试者来对组内另外两个人的表现进行评估。也就是说，他获得了比其他人更多的权力。在 30 分钟紧张的讨论后，测试负责人带着 5 块饼干进来。拥有"权力地位"的受试者却变成了真正的"甜饼怪"：他们不仅会拿走更多的饼干，并且很少考虑到其他人的需求，同时，他们也不怎么遵守规则。那么如果是你，你会在这样的饼干测试里有什么样的表现呢？

管理者需要经常花时间来反思自身的行为。管理者的目标是充分发挥同事和员工的长处，而不是促进他们的短处发展。在浪漫意义上，这种现象被称作米开朗基罗效应：正如雕塑家米开朗基罗通过雕塑材料释放其中隐藏的美丽形象一样，我们可以互相帮助来塑造最好的自己，利用积极启动效应来促进员工的长期发展！

引导

虽然积极启动效应是管理者的基础，但这并不意味着，管理者在传播了一些积极的信息之后就能够置身事外了。相反，即使是在平等和民主的时代，作为组织的领导，最重要的也是承担责任和指引方向。在日新月异的经济世界中，针对领导的新思想有着广泛的讨论。领导力应以愿景、对话和信任为基础，而员工在管理过程中起到的积极作用也越来越突出。这些发展非常重要，也令人欣喜。然而，这些发展不应当导致管理人员不再担当其结构性的角色。关于"领导"这个概念有很多定义，但是大部分的定义都明确包含了以下主导元素：

- 领导是一种以管理和组织他人行为为对象的活动。

- 领导意味着，通过自身能够被社会接受的行为去影响他人，从而间接或者直接地去影响预期的行为。

- 领导是在一个或者几个人成功界定和定义别人实际情况的过程中实现的。

- 领导被定义为，在结构化的工作环境中，通过施加明确、相互以及社会的影响来完成共同任务。

关于其定义，除了以上主导元素，还有第二层面的元素：目标在管理工作中的作用。事实上，不再准确描述要达到的最终状态或者目标，以及不再精确布置任务在当今越来越普遍。此外，公司边界的模糊化也引发了一个问题，谁实际"属于"一个公司或者一个团队，以及这种隶属关系代表什么。因此，领导的身份使得创造效应变得越来越重要。领导更多的是提供一条道路而不是指明目标，其中，计划和想法的发展往往与想象中不同。文化理论家迪尔克·贝克（Dirk Baecker）将这种情景、即兴的方式描述为"后现代领导"：早前，设立和实现明确的目标是重点，而现在领导则更多的是一种带领大家找到目标的过程。领导有引导和促进员工发现和发展自身潜力的责任。

那么，如何带领员工找到正确的道路以及帮助他们发现自身的价值呢？为了回答这个问题，近年来变革型领导受到了广泛关注。这就包含了领导的四个方面，旨在鼓励员工实现最高的绩效。首先，管理人员要以令人信服的愿景来激励员工。第二，领导的突出特点是具有魅力的个性，这样员工会将领导看作榜样，并且会高度认同需要完成的任务。第三，领导要持续提供思维的启迪（"智力刺激"），这样能够促进员工的创新能力以及精神活力。最后，变革型领导的突出特点是高情商，并且能够深入了解员工的个人需求。

在学术研究和管理实践中，变革型领导的理想形象带来了激情：通过愿景和个性进行领导，听起来显然比清单检查、严格规定以及绩效目标监督有趣很多！不过，实际情况并没有这么简单，如果仅仅只关注变革型领导，会有一个严重的弊端：我们会忽视掉任务型领导的重要性。

领导力的沟通型性方面，即以目标、任务和交流为导向的对话，对于员工的业务能力以及自身发展与领导自身鼓舞人心的行为至少是同样重要的。科学家蒂莫西·朱迪（Timothy Judge）和罗纳德·皮科罗（Ronald Piccolo）在对 87 项研究的分析和总结中发现，比起变革型领导，通过持续奖励进行的沟通型领导对员工绩效的影响更大。我们自己的研究也表明，员工希望得到比现在平均多 16% 的领导和管理。

人喜欢逃避责任，尤其是当他可以将决策权交到别人手中时。这种趋势的理由，不在于人们害怕处于决策位置上为别人做出错误的选择，而在于决策者害怕由于做出错误选择被别人责备。由于这样的错误决定，自己的声誉会受到损害。因此，我们会倾向于拖延决策，如果有可能的话，委托给别人。我们希望随着时间的流逝，问题会不复存在或者会有更多的解决方法出现。我们甚至希望，最优解决办法会自己出现。

你一定也亲身经历过拖延决策的这种倾向。假设在混乱的办公室里，你可以选择 ① 明天上午清理架子；② 在你愿意时，打扫整个房间。你会如何选择？如果你和大多数人一样，那么你可能会选择 ②。然而在现实生活中，这样的"理想化的解决办法"几乎是不存在的。因此，"外部压力"是解决拖延的有效方法，例如具有约束力的截止期限。当然，每个人都可以给自己制造这种压力——如果想要提高业绩以及达到最佳表现，我们同时也可以作为加速者。

上述要清理办公室的例子说明了人在决策时的弱点，从而说明了能够指明方向领导行为的重要性。请记住乐观态度的积极影响：敢于为自己和他人作决定，这是领导的职责所在。如果你的出发点是好的，那么他人会尊重你的决定，并且对此不胜感激。不要忘了，领导意味着预期和后续行为。在形式上结构日益减少的工作世界中，领导更需要避免迷失方向。人们想要被领导，即使是在没有阶层的群体中，也会在短时间内出现一个或几个非正式的领导人（紧急领导现象）。从进化的角度看，这种对领导的需求是有一定道理的：在一只剑齿虎面前，相比进行民主投票的小组，由一个领导毫不犹豫地下令立马逃跑的小组逃生的可能性更大。在当今的工作世界中，领导需要严肃对待这个责任，并且在复杂的环境中为员工的行为提供指导。

支持

我们首先讨论了积极启动效应，即通过自身态度去发掘员工身上的潜力，这是领导行为的基础。其次，在此基础上，领导应当起到引导作用，并为员工设定好工作的总体条件。现在要进行的第三步是为员工完成工作和提高自身技能提供支持。

成功的领导会为其员工提供一种机会，而不会具体解释和指定。这种领导风格也被称为支持型领导，支持型领导会不停地为员工提供发展的动力以及新的任务，而不会放任不管。只有在员工具备足够的能力独自完成任务时，下面的第四步，自我负责转移（参见下一节）才能够实现。特别是长期在古典控制逻辑下工作的人，在工作世界转型的过程中，最初是无法适应突然产生的自由度和参与度的。领导的任务就是通过提供相应的方法来过渡到下一阶段：自我负责。

领导通过提高员工能力来支持员工，明显比提供古典训练和研讨课更加全面。这样形式上的发展干预措施，虽然会扩展员工纵向的知识（即专业知识），但并不意味着员工的性格会自动地持续发展（横向发展）。对于后者来说，反思过程、反馈以及探讨自身性格的意愿是必要的，这是一个领导无法要求而只能提供支持和榜样作用的过程。

　　在员工完成任务的过程中，如何提供支持而又不过多或者过少地操控整个局面呢？领导必须更好地了解员工，无论是在专业还是个人方面。员工有哪些优点和缺点？团队的（明示和隐藏）目标是什么？员工的兴趣和梦想是什么？在学术界通常通过让员工评价以下方面来衡量支持型领导："领导对我的目标感兴趣吗？他支持我的个人发展吗？他会为我的成就而骄傲吗？他真的关心我的个人感受吗？"

　　在与同事交谈时，有些人似乎比别人更友善一些，这是很正常的。在阅读了关于积极启动效应的章节之后，你可能想问，如何为那些你（无意识）并不很喜欢的人提供支持。我们所有人都认识这样的人：他们反复不断地要求让我们感觉到不舒服，或者他们与人交往的方式让我们觉得不友好。我们都知道，要改变自身的习惯是很难的，因此最好也不要轻易尝试去改变别人。最好的方式是，你先采用自己能接受的方式改变自己，然后以同样的方式去对待别人那些让你感到不舒服的性格特点。

在和对于你不好相处的人交往时，更好地利用积极态度的作用。我们需要坚持的一个观点是，我们遇到的每一个人都是我们的老师。当你下一次再遇到让你感觉到不舒服的谈话时，你可以问自己，你在这样的情况下可以如何了解自己或者为自己而学习。例如：我们研讨会的一个参与者（一位年轻的领导）告诉我们，在每次联席会议中，一位年长的员工都会提出自认为非常好的建议。起初，他并没有很认真地使用自己权力，并且对这个员工居高临下的态度感到不满。后来他运用了"教师的技巧"并且问自己，如何利用这样的行为来提高自己。他注意到，这位年长的员工可能只是想分享他的知识，但是又害怕以他的职级不会被别人严肃对待，这位年轻的领导将这看作是和年长的员工打交道的学习机会。他在公司实施了一个知识管理计划，正好也涉及这一观点：将年长一些的员工纳入结构化的知识转移计划，在制度上为向年轻员工传递企业知识提供支持。此外，他专门尝试改变自己之前的态度，仔细倾听年长员工提出的建议，并且对他们做出的相应修改表现出充分的尊重。从他的经历我们学习到：你不需要为别人的行为负责，但无论何时何地，你都需要为自己的反应负责！

支持型领导不仅需要很好地了解员工的优势、能力和想法，还需要一个好的自我认识。这两者的结合可能会帮助我们认识到，员工从什么时候能够适应 PLUS 领导的第四部分：自我负责的转移。

自我负责

交出责任对于很多领导来说是很困难的，即使他们不愿承认。人都有对控制的基本需求，我们想要感觉到被别人需要，并且想要通过小型的管理活动来体现我们为领导这个位置的付出。然而，只有当你能够做到别人做不到的事情，你在领导位置上才是真的有效率的。领导的最高准则是：让自己变成多余的人。最理想的情况是：领导通过设定总体条件和支持性的措施，使员工能够独自完成决策，并且在大部分的工作中承担责任。

让员工来接管项目以及对此承担责任，这是将员工行为往积极方向去引导的最有效方式之一。在美国一所大学进行的实验说明了这一行为机制：学生不仅寻求心理上的刺激，还有身体上的刺激。学生的一个特征是拥有很多段性关系，并且常常是没有保护措施的性交。为了使这样的激情不再造成额外的痛苦，例如性病的传染，大学工作人员想知道如何提高安全套的使用率。起初他们尝试使用震慑的手段：通过讲授无保护性行为的危害让学生改变想法。然而，这一措施并没有太多作用，学生并不愿意因此说出过去自己在使用安全套方面的错误行为，也不愿结合自身情况面对这样可能带来的后果。唯一有效的方法是，让学生报告自己无保护性交行为的情况，并且让他们为使用安全套进行宣传，例如制作宣传材料或者拍摄视频。别人对宣传材料或者视频中的行为大加赞赏，会让这些学生感到不安和矛盾，因为这样的行为与过去他们自己的行为恰好相反。为了让自己的形象和传达的信息保持一致，这些学生改变了自己的行为，并且在晚于接受其他措施的受试者半年之后，其安全套使用率也有了明显的提高。

由于自己的行为和自己先前一贯的认知产生分歧而产生的精神紧张现象也被称作认知失调。我们会感觉到这样的现象是消极的，因此会尝试消除这种认知上的不协调。然而当我们不能改变这样的情况时，那么我们必须调整自身的态度或者行为。

这种相互作用也体现在向员工转移责任的过程中：在重要的会议中，不要领导自己去介绍项目计划或者报告过程进展，从现在开始，让员工接替这项工作。员工对此要有一种自愿的感觉，这是非常重要的，因此，在会议之前，你需要询问他们是否愿意接替这一部分工作。通过对计划的公开交流，员工很有可能对需要达成的目标感觉负有更大的责任。此外，如同在演讲中演讲者面对其他听众迅速产生的生理唤醒，这种生理唤醒对于承诺改变原本不协调的行为是有非常积极作用的。

但是请不要在这一点上不要产生误解：认知失调不应当用来让员工做一些他们本来不愿意做的事情。相反，它可以促进员工表现得更好，并且积极承担个人责任，从而提高员工的潜力。

在英文文献中，责任转移的理念通常在授权理念中进行讨论。授权意味着将权力或者责任转移给员工或者增强员工的参与度。

结构和心理授权是有区别的。前者指促进员工参与和自治的组织结构，例如信息透明、等级平等、与职位无关的资源获取。与此相反，心理授权指员工在工作中接替责任，以及能够独立行事的主观感受。它通常是结构授权的一种结果，但也可以直接由上级（脱离形式上的结构）触发。

为了让员工真正将自我负责认为是积极的，并且愿意竭尽全力去完成，他们的自我效能感是具有决定性的（参见第 2 章）。有强烈这种特征的员工深信，他们具有处理问题的必要技能，并且能够产生预期的反应或结果。这种期望也可以是处理一般问题的基本信念，也可以仅仅是特殊的情况或任务。领导可以通过创造成就感（通过转移管理项目）、报告成功的最佳实践或者个人榜样、以及表达对员工能力的信心来增强员工的自我效能感。

好的领导依然是好的领导——即使是在新的工作世界中

当领导想要让自己变为不可替代的，并且隐瞒信息、支持权力游戏以及阻止变革时，往往会被发现领导力不足。相反，好的领导会用积极的态度对待员工，为他们提供指导、激发潜力，并在可能的情况下转移自身的职责。这样的领导会非常幽默，并且常常对员工表示认可。这种原则适用于过去，在未来的数字化时代也同样不会改变。即使取消等级制度以及领导民主化，企业中也必须有这样的文化基础。

用积极启动效应来领导，意味着用自己的乐观来激发员工的潜力。对于这种领导风格的研究成果是非常明确的：积极的管理者，即使用实用主义方法以及常常会对员工表示认可和鼓励的管理者，会让自己的员工更加积极乐观，提高参与度以及最终的业绩。

总结：速效维生素＋

- PLUS 领导是一个将积极思维过程同行之有效的领导能力结合起来的领导理念。

- 出发点是积极启动效应。通过积极的语言或者非语言的交流来提高员工某些行为的可能性，这样能够提高员工的个人成长能力。最有效的启动效应是基于神经元活动的传播。

- 第二步是通过创造总体条件来引导员工，个人责任的转移并不意味着逃避自身的责任。

- 第三步是支持员工的能力发展（支持型领导）。成功的领导会给员工创造一种机会感。

- 最后，如果你已经拥有这样的员工，你可以转移自己的责任。可以利用人想要让自身形象同表现行为保持一致的倾向，来增强员工的自我效能感。

4

参与工作：使用 IMPULS 模型激励员工

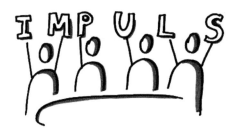

"我知道和喜欢什么，我理解和我追求什么，它们区别是很大的。"

——弗兰齐斯科·彼特拉克，意大利诗人

谈到工作参与，其数字是令人担忧的，特别是盖洛普参与指数的调查结果。盖洛普研究所对员工的工作参与度进行为期 20 年的调查，已有来自 189 个国家的 2 500 万人接受了调查。在调查过程中，研究人员一再指出，只有很少一部分的员工是真正在工作中充满干劲和热情。根据盖洛普研究所的数据，在德国，平均 17% 的员工对自己雇主是没有情感依赖的，67% 的员工仅有较低的情感依赖。通常，我们把这些调查结果理解为，超过 80% 的德国劳动力是与他们并不真正依赖的老板一起工作的。只有 16% 的员工在情感上高度依赖自己的公司，并且用"心、手和头脑"来完成他们的日常工作的：拥有高盖洛普参与指数团队的收益率高出低指数的团队约 21%。

那么，什么是"情感依赖"呢？大概你已经注意到，根据盖洛普研究所的定义，这不仅仅与员工参与实际工作相关。事实上，有诸多方面的因素，诸如工作职位与社会的融合度，你在公司中有自己关系密切的朋友吗？

依据盖洛普研究所方法衡量工作参与度的项目

下列项目概览显示了在盖洛普调查中选择使用的测量项目，以 1（非常不同意）到 5（非常同意）来衡量。

- 我知道，在工作中别人对我的期望是什么。

- 我有适当的材料和工具来完成我的工作。

- 在每天的工作中，我都有机会做我最擅长的事情。

- 在过去的一周内，我由于出色的工作得到了好评或者称赞。

- 我的主管或者其他工作人员对我这个人感兴趣。

- 在工作中，有人支持我的个人发展。

- 在工作中，我的意见似乎很重要。

- 我所在公司的目标和理念让我感觉我的工作很重要。

- 我的同事们致力于高质量完成工作。

- 我在公司中有非常要好的朋友。

- 在过去的六个月里，公司中有人与我谈论过我的进步。

- 在过去的一年中，我在工作中有学习新东西和自我发展的机会。

在处理这个概念的时候，我们遇到了一个关键的问题：什么是工作参与度？在我们讨论如何利用积极启动效应提高工作参与度之前，要首先回答这个问题。

"工作参与度"一词的运用范围在逐渐增加，这个概念通常被理解为工作投入的程度或范围，其狭义的定义是完成工作中的目标。通常，还有其他不同的定义：在日常工作中，参与工作的员工通过主动性、责任心、乐于助人以及忠诚来促进公司发展。他们和那些在工作中没有热情和自我责任感的员工截然不同。一些咨询公司通过一种情感层面来拓展该概念的定义范围，这种情感层面涉及如何获得员工的心，以通过对公司的情感依赖来促进员工的参与。对此，Hay 集团采用了一种以结果为导向的方法，它将参与定义为"激励和引导员工做好工作、为公司的发展作出贡献"。有趣的是，成果是定义的核心组成部分，它是公司或领导与员工共同努力的结果。但不清楚的是员工应该参与什么，以及为了什么而参与。是公司的核心活动、建立客户关系、发展创新思想、塑造社会工作环境，还是组织战略的调整？

　　相关术语的必要界定使定义更为复杂。例如，工作满意度侧重于对工作的认知评估，即工作期望与完成程度之间的平衡。目标的实现并不一定意味着参与度很高：如果员工认为工作已经达到了自己的要求，就不会再对日常完成工作充满热情了。此外，参与和与组织的联系，即所谓的"奉献"不一样。参与指直接的工作活动，它表明了员工在工作时的行为和感受。如果员工在工作中的高度投入并不被公司所重视，那么尽管其参与度很高，"奉献"却会非常低。在这种情况下，敬业的员工很有可能会另寻别的职位，在那里他们会得到更多的肯定。职业认同也不完全等于工作参与。职业认同指对于职业的依赖和做出正确职业选择的感觉。而参与指目前具体的工作角色，这是员工在具体工作情况下自发自愿的决定。

考虑不同学术流派的观点，我们将工作参与的定义建立在基于积极心理学的科学理解基础上。对于本章，我们将参与定义为，在工作场所的直接工作。我们将参与理解为一种积极的、能实现个人抱负的、以及与工作有关的精神状态，其特征是精力或活力（vigor）、资源投入（dedication）以及活动的深入（absorption）。员工投入的资源可以是身体（例如充满干劲地说话和行动）、感觉（例如高兴）或者思想的投入（例如乐观的态度）。参与不是一种持续的人格特质，而是一种会根据情境、情绪或者工作而改变的动机状态。这种类型的工作参与不仅与员工对组织的满意度，以及对其的依赖度密切相关，还会转化为公司的经济指标：员工投入越多精力、资源、工作更加深入，企业的业绩就越好。

我们的理解是以一个由荷兰人威尔玛·斯科费里（Wilmar Schaufeli）和阿诺德·贝克（Arnold Bakker）领导的研究小组的想法为基础，即将重点放在工作的"浸析效应"上。科学家制定一种衡量精力消耗的尺度表，并且将其转化为负面指标。同时，他们也提出了一个问题：人们怎样能够实现健康的工作方式、并且在不加班的情况下，将此作为个人的资源进行利用？其结果是衡量工作参与的乌得勒支量表（见专栏）。

根据乌得勒支量表衡量工作参与度的项目

在量表中，受访者从0（我在工作中从来没有过这样的感觉）到6（我在工作中总是有这样的感觉）进行评分，他们在多大程度上同意不同的说法。以下摘选了一部分：

- 在工作中，我总是精力旺盛。

- 在工作中，我感觉自己身体健康、精力充沛。

- 我对我的工作充满热情。

- 我的工作激励着我。

- 当我每天早上起床时，我都期待着我的工作。

- 当我努力工作时，我感到高兴。

- 我为我的工作感到自豪。

- 当我工作时，我忘记了周围的一切。

- 当我在工作时，我感觉到时间过得很快。

积极工作参与度的 IMPULS 因素

你如何能够对员工的工作参与度进行积极的影响？在综合分析当前知识状况的基础上，我们采用积极效应正能量的方法，建立了一个促进工作参与的六因素模式，这六个 IMPULS 因素分别是（参见图 4.1）：

- I：理想的要求水平

- M：鼓励性的沟通

- PLUS：领导力

- U：企业责任

- L：终生发展

- S：社会支持

　　IMPULS 模型的各个方面是积极工作参与度的关键驱动因素，我们将在下面的段落对此进行介绍。

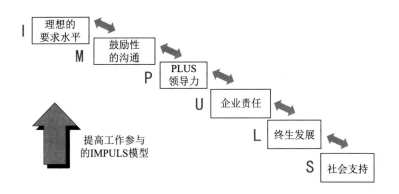

图 4.1　IMPULS 模型概览

IMPULS 因素 1：理想的要求水平

在长时间的工作之后，你曾经在看钟时肯定也感叹时间过得飞快。你不会因为饿了或者渴了而停止工作。当你真正陶醉在工作中，这个过程会给你带来快乐。心理学家将这种现象称为"心流"，这个概念来自于一个名字非常复杂的心理学家米哈里·契克森米哈赖（Mihály Csíkszentmihályi），"心流"指的是一种将个人精神力完全投注在某种活动上的感觉；这是一种轻松、陶醉的状态，似乎所有的事情都是自己完成的。

对于"心流"经历的观察起源于体育科学领域：职业运动员会反复而规律地体现这一状态。一位专业登山者描述了"心流"的经历："攀登带来的直接挑战是复杂而又吸引人的……你几乎会沉浸在其中……你会忘记自己所处的状态。"在其他的生活领域，例如工作，也有许多对于这种状态的描述。一位外科医生谈到："在手术过程中，每一步操作都是至关重要的，每一个动作都是优雅的。在一个团队作为一个整体发挥作用时，这一点体现得淋漓尽致，如同一旁有一个无形的指挥者。"

相比在闲暇时间懒散地躺着，我们甚至会更加喜欢这样的"心流"状态。在这样的状态下，比起在沙滩上喝鸡尾酒，工作会给你带来更多快乐。处在"心流"状态中的员工，不会感觉到工作是一种负担而是非常积极的，因此他们也就更加具有创造力、更加专注和投入。这些员工的自我控制力得到了提升，能够更加自如地面对每天工作的要求。此外，"心流"状态不仅仅是一种可以直接体验的状态，它甚至会让你在一天紧张而积极的工作之后产生放松的愉悦感。当然，这样的感觉是以你这一天良好工作为前提，如同这句名言：一分耕耘，一分收获。

那么，如何陪伴员工进入这样的"心流"状态，并且为他们创造最佳的要求水平来提高他们的工作效率呢？最重要的是，要为他们创造个性化的工作条件和要求，即满足每个员工的个人需求。未来的人力资源管理必须致力于为每一位领导开发一种个人的合作模式，而不是利用现成的解决方案，而领导者则需要使制度化产品和员工的个人需求相互适应。为如何更好地将心流融入企业中，孟山都集团的前首席执行官罗伯特·夏皮罗（Robert Shapiro）提供了一种解决方式："当今企业普遍由一位无所不能的领导创造一个完美地组织系统，所有的齿轮都完美地啮合在一起。然而事实上，没有人能够监督整个过程。当我们面试新员工的时候，我们实际上是在问：'你准备好完全适应这个机器了吗？在你之前，已经有人完成了这项工作，在你之后也会有人去完成这项工作。所以请忘记与工作无关的个人特质。'这样的做法是完全错误的。……一个大型企业必须重视这个问题。我们需要问员工：'你可以如何帮助我们？'而不是'这些是你的工作，现在就去做。'"

除了对雇佣关系个性化的基本要求之外，根据"心流"的特点，你还可以确定最佳的要求水平以及创造其所需的条件。根据"心流"的发现者杰克逊和契克森米哈赖的观点，"心流"有九个特征，能在不同程度上影响领导者。

1. 工作的要求或者任务与自己的能力相匹配，这也就说我们在上文提到的"理想的要求水平"。只有当工作中有着足够的挑战时，在注意力相当集中的情况下，你才能够达到这样的理想状态。除了常规性因素之外，如果你分配给员工的任务是具有挑战性的，也是有益的。此外，员工现有的技能必须适应相应的要求。远远超出员工能力的过高要求，会给他们带来不安全感、恐惧和气愤，而过低的要求又会导致员工觉得无聊而无法集中注意力。如图4.2所示，最佳的水平恰好是在挑战和过高要求的边界上。对此，我们可以从电子游戏中得到启发：适中游戏难度的模拟在电子游戏业中发展到了极致。任务或者工作恰好适应这个员工的能力是有利的。想象一下，如果你对马并不感兴趣而又需要玩一个骑手电子游戏，会是什么样的情况，那么即使这是最佳的方案，相比你玩你最感兴趣的游戏，你会更难达到"心流"状态。具有决定性的因素便是你的个人偏好和个人特征。一个外向的销售人员会有可能更好地适应以客户为中心的工作环境，而与此相反，一个内向的程序员很可能在软件开发领域有更好的表现。因此，作为领导，你的任务就是要发现和挑战员工的长处。

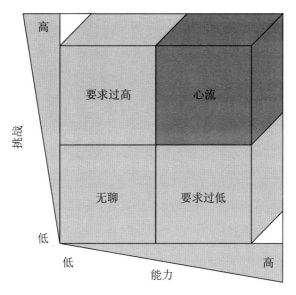

图 4.2　处于无聊和要求过高之间的心流状态

2. 明确目标。在特定的情境下，实干家自然而然就会知道下一步应该怎么做。领导应提高员工在处理任务中这方面的能力。

3. 重点关注手头现有的任务。对于进入"心流"状态来说，拥有聚焦感觉是很有必要的。回想一下第 2 章提到的一心多用，这会导致员工的生产力下降而充满了不满的情绪。如果我们同时在三场婚礼上跳舞，那么不管是在哪一个场合，我们都无法完全集中注意力。因此，"心流"的体验和正念的理念是密切相关的：有过训练集中注意力经历的人，会更加频繁地体验到"心流"。顶尖地运动员在六个星期中观看了关于指导性调节练习的录像之后，进入"心流"状态的频率明显提高。录像的内容包含了呼吸练习，更好地认识人体以及一些瑜伽姿势。除了会提高进入"心流"状态的次数以外，这个练习会尤其提高参与者的操控能力，并且会让他们对自己的目标有更加清楚的认识。

4.明确的反馈。无论是通过任务本身的反馈还是别人的反馈，实干家都应当立马意识到自己是否在正确的道路上处理工作。但是，自己的行动和反馈之间相隔时间不能太长，否则行为和意识就不会相融合了。

5.行为和意识的融合。在"心流"状态下，我们的行为是自动进行的，我们的大脑并没有发出指令，也不会去处理别的事情。例如，对于模具工人来说，焊接的过程往往是下意识的，他们完全专注于焊接模具的外形。

6. 控制感。人都喜欢控制的感觉，并且会在"心流"状态中获得这种感觉。在这种状态下，人无意识地掌握了控制权。而习得性无助则与此完全相反。习得性无助的概念最初是在对狗的实验中提出来的，描述了一种不再愿意去应对事情、处理任务以及战胜挑战的状态。虽然失去控制权的主观感受会导致人麻木冷漠和作出回避的行为，但是拥有操控权的感觉还是会让人感觉到非常满足。

7. 失去"自我"的意识。在这样的情况下，人会沉浸在自己的工作中，不会再去考虑自己、不会考虑别人对自己的评价，以及自己在这样的情况下会对周围环境产生什么影响。对个人看法的重视度降低，有利于更好地把注意力集中在手头的事情上，这和人格解体的病态形式是不一样的。后者是一种持续自我人格的病态异化。与此相反，在"心流"状态中的自我脱离只是一种暂时的状态，是个人性格和工作相融合的结果。

8.自我实现的经历。从事活动的理由在于能感觉到由这些活动提供的体验，而与未来期望的奖励或者好处无关。这种感觉也被称为"心流"体验本身目的的质量，源自希腊语 autos（自身）以及 telos(目的)。这一特征与内在动机的概念有关，内在动机是个体自身产生的一种动机形式。由内在动机驱动人的行为是没有外部动机因素的，如金钱、职业或认可，而仅仅是因为行为本身是有益的。在工作中，这两种动机形式往往同时存在的：员工出于兴趣而工作（内在动机因素），同时员工肯定也是为了维持生计而工作（外在动机因素）。而在"心流"状态中，这种外部因素是完全忽略不计的，而引发"心流"的因素(例如接受一份工作)会成为一个外部动机因素。因此，如果满足所需条件，原则上在所有工作中我们都能够达到"心流"状态。

9.时间转换。时间似乎越来越快或者越来越慢，或者说关于时间在流逝的意识似乎消失了。每个人都有自己的时间感，这取决于不同的认知和情感评估。我们并没有客观的"时间感知器官"。我们每个人一定都了解时间飞逝的情况：一个激动人心的项目任务、一个令人兴奋的约会或者一次期待已久的跳伞，这些经历很快就过去了。然而，在完全集中注意力的情况下，也会发生相反的情况：你对自己的行为有着充分的意识，似乎每时每刻都能观察自己的行为。例如，运动员会练习网球以慢动作向自己飞来，抬起手臂挥打网球并且观察，自己如何才能集中目标点。有趣的是，我们对时间间隔的主观构建往往会在回顾的时候造成偏差。回想起来，由于事件很多，美好时刻的时间似乎比实际要长很多。相反，无聊的事情仅仅占很小一部分记忆，因此我们通常会感觉这些事情比实际的时间要短。

我们在上文提到，领导无法在所有方面施加同等的影响。科学家瑞安·奎因（Ryan Quinn）建立了一个"心流"因子模型，并且通过与13位工程师的大量访谈以及与145个人的经验性调查来检验这个模型。图4.3给出了他建立的模型。箭头的强度显示了他在研究中发现关系的强度：箭头越宽，相应的因素对其他因素的影响就越强。

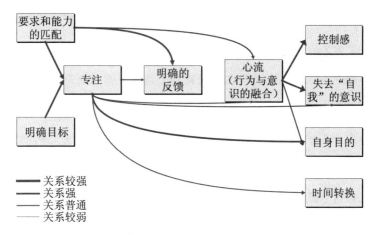

图 4.3　奎因对心流因素之间的关系的建立

作为领导者，你首先需要关注最左边的两个因素：理想的要求水平以及明确目标。同时，你可以考虑我们在第 3 章中对于积极启动效应的讨论结果：通过日常的沟通方式，让员工将注意力集中在积极的目标上，增强他们的主观控制感以及表达你对他们的信任。在理想的情况下，通过创造一个持续合适的工作环境，你的员工将会达到一个注意力完全集中的状态。你可以做一个这样的尝试，在团队中规定在某一小时中没有任何沟通和交流，没有邮件、电话和对话（当然，除处理对业务非常重要的事情以外）。这样，你就能够创造一个集中注意力的气氛，在这样的状态下并能实现时间转换。同时，明确的反馈也是很有必要的，无论是任务本身的反馈还是你作为领导的反馈，这样有利于达到"心流"状态，也即行为和意识的融合。通过心流状态以及作为"心流"状态的结果，我们也要关注其余的三个心流因素：控制感、"忘我"意识以及自我实现经历。

IMPULS 因素 2：鼓励性的沟通

无论是理论还是实践，都强调了鼓励性沟通的绩效提升效果。如果员工知道，所有的事情是如何以及为什么发生，他们就会更加投入地工作。如果员工事先知道他们要做什么，他们才会主动地采取行动。与此相对，缺乏理解和信息流动不透明则是效率低下的重要原因。

作为领导，除了通过语言来激励员工，还需要记住，交流是一个双向的过程。在企业中，不仅要有从管理层到其他层级自上而下的沟通，也要有同等程度的自下而上的交流。有趣的是，在新工作辩论中，对"员工的声音"的关注度明显上升。20世纪90年代，KVP方法（持续改进管理）、TQM方法（全面质量管理）以及综合解决问题小组(Communities of Practice)蓬勃发展，而近年来，提高员工参与度的措施却有所减少。新工作辩论的激化再次引起对员工参与问题的重视。我们在这里所指的并不是员工对公司利润的贡献，最重要的是充分利用员工的思想和知识。

"新工作"一词最初是由社会哲学家弗莱特霍夫·贝格曼(Frithjof Bergmann)提出来的，他将其理解为一种新的就业模式。工作时间应当这样划分：1/3为传统的工作时间，1/3为聪明的消费和依靠技术的自给自足，还有1/3为内在激励的活动（将工作看作自身目的）。同时，在管理实践中，新工作得到了极大的拓展，例如敏捷协作的形式创新、管理层削减、员工参与、民主领导模式以及新的管理逻辑。这个概念是以一个基本的假设为基础：自上而下和自下而上的鼓励性沟通是同等重要的。对于企业来说，员工的社会和心理参与是成功的重要因素。

在公司中必须要有人能够倾听员工的声音。对于领导的沟通能力来说，相比鼓励性的语言，更重要的是要学会倾听。然而，矛盾的是，我们在评估一个人的沟通能力时，往往很少受到修辞的影响，更多的是通过倾听能力、支持性沟通和同情理解的话语来进行评估。然而，尽管学术界和企业界都一致认为，倾听是团队以及企业取得成功的关键，涉及这个主题的科学研究和个人发展项目却并不多。然而，我们是有可信证据支持的：倾听不仅能够提升领导力、增强人际关系，还能够提高说话者的表现。这种能力是很容易训练的：小小的练习就能够提高"倾听能力"。

那么，怎么样才算是一个好的听众呢？我们可以试试向别人提出很多问题，并且持续提问。在别人回答时，看着他的眼睛并且在较小程度上模仿他的肢体动作。不要立即对别人所说的话下论断，而是先不做评价地接受。尽量不要打断别人，无论是口头的还是非口头的。同时，正念有助于倾听，让你将所有的注意力都集中在对方身上。并且，无论你是在说话还是倾听别人说话，都要充分利用正能量！更加乐观、开放的基本态度以及更加积极、具有鼓励性的沟通，往往会让你收获更多。以下有六点建议，可能会对你有所启发：

1. 分析你自己曾经写过的邮件，看看哪些使用的是非常积极的表达，哪些使用的是消极的？哪种风格更好？试着将至少一封使用消极表达的邮件修改为积极表达。

2. 回顾以前的会议。你在会议上是在讨论还是争辩？换位思考，如果你是其他与会者，你会改变你的立场吗？

3. 回想一下你与客户、同事或者下级的上一次谈话。你是更加倾向于提出解决方案还是针对问题本身？你谈到可能性和障碍分别有多少次？尝试组织五种表达方式，把对一个问题的描述转变为寻找解决方案。

4. 对于你同事或者下级好的表现，你会赞美他们还是责备他们？你应当衷心地祝贺他们并且称赞他们"干得漂亮！"，还是就对他们说"表现不坏"以及类似的话？

5. 你上一次和别人聊天是有关诸如天气的中性话题、还是有关八卦或者背后议论别人？传播谣言或者八卦可能有利于团体的凝聚力，并且会让你在短时间内更加受欢迎。但是，从长远来看，这对你作为领导的职业生涯并没有好处。因此，试着尽量不要去胡乱猜测，并且尽量传播积极的事情。可能这会让你感觉就像"荷兰海军上将的说话范式"一样。这个概念起源于两位荷兰的海军上将，他们相互约定，只向对方报告好消息。通过这样的策略，他们很快就成为了荷兰最年轻的海军上将。

6. 你可以将你与别人谈话或者作报告的过程录下来。回放两遍你的录像，一遍有声音、一遍没有声音。从中你能得出什么样的结论？请注意观察你的肢体语言，这也是沟通的一部分。交叉的手臂显然不利于一个开放性沟通的进行。你对别人会产生怎样的影响？根据你自己的分析，再请一位你信任的人对此进行评估。你的行为会对这个人产生怎样的影响？别人对你的看法和你对自己的看法相近吗？

7. 作为领导，为了公司的业绩和前景，你尤其有责任与员工进行鼓励性的沟通。如果员工理解、接受并且愿意为之奋斗，这会大大提升他们的参与度。除了正式的定义以外，试试用几句话回答这个问题："我们希望在这个公司中完成什么？为什么？"你可以运用你自己对这个问题的定义来促进你的员工积极实现目标。你应当让员工清楚，他们日常的工作对公司业绩的贡献有多大，而不仅仅是给他们指出一个抽象的方向。

IMPULS 因素 3：PLUS 领导

在提高员工参与度方面，领导起着决定的作用。除了塑造其他 IMPULS 因素以外，PLUS 领导这个概念还有助于提高员工自愿的投入和参与。我们在第 3 章中提到过，这是一种将启动效应的积极效果同领导的传统元素结合起来的方法。四个组成部分，即积极启动、引导、支持以及自我责任，相互帮助促进员工的独立性发展。需要再次强调的是，PLUS 领导影响员工参与度的一个关键因素是员工的信任：只有当员工认为你是一位可靠的领导，并且相信你很看好他们，你的领导风格才会真正有效果。因此，你要兑现你所承诺的事情，敢于站出来面对错误以及要有预见性。

因此，为了让你的行为具有可预见性，你必须要让他们充分了解你，并且能够在不同的情况下观察到你。这样，你的员工就会感觉你的行为是可预测的。如果其中产生了积极的行为，那么这会产生一个积极的上升螺旋（参见第 2 章）：你的积极行为会带来员工的积极行为，从而员工又会对你加以表扬和赞赏。现在就迈出积极互惠的互动过程的第一步吧！

IMPULS 因素 4：企业家责任

企业家责任或者内部企业家精神，指的是员工和领导通过自身的行为对企业形象进行积极的塑造，仿佛他们自己就是企业家或者企业所有者的一般。这种方法旨在通过让员工感觉到自身对于企业繁荣发展的责任，来提高他们的参与度。这种责任感的提高不仅来源于高层管理者的绩效提升理念，而且也反映了越来越多员工的意愿。

当前，越来越多的企业员工追求更强烈的责任感，这在近年来活跃的创业环境中也有所反映。无论是在德国还是美国，都有很多人在建立自己的公司，以实现更多的个人责任。说企业家是全世界最满足的人并不是毫无道理：他们拥有自决权、工作有意义。或者，引用创业学教授迪特马尔·格瑞克尼克（Dietmar Grichnik）的话：

"通往幸福的路上需要经验和积极的参与。繁荣富有会让我轻松积累经验，卸下繁荣的重担会让我拥有大把时间和自主自在，两者之间的平衡为自主创业的生活铺平了道路。"

然而，拥有企业家精神员工的流失损害了老牌企业的创新能力，这使得老牌公司的存活率有所下降：到 2015 年，1955 年的世界 500 强企业中 88% 的企业已不复存在。创新往往源自于企业员工的创业动机，他们积极主动地开发创意，并且使其在公司中得以实现。

那么，如何利用正能量来发展一个内部创业文化，从而提高拥有创新精神员工的创业精神？大多数关于提升员工内部创业精神的建议，都直接或间接地以积极的强化方法为基础。你要充分认识并且运用这些联系，通过积极启动效应提高员工的自主参与度。为了激励员工，你必须首先定期并且明确的沟通和确认，企业的内部创业精神在持续发展。其次，给予员工足够的自主权以承担企业家责任，这是很有必要的。在工作中掌握新技能、寻求社会反馈以及挑战自我的员工，很少会在工作中感到无聊，而会更加健康以及更加投入。你需要营造一种开放的工作氛围，其中所有的成员（无论什么职位）都敢于分享自己的想法。在诸如谷歌这样的公司中，20% 的工作时间都用于提出员工自己的创意项目。引进所谓的联邦快递日（FedEx-Days）也能够使用这样的方法：如同联邦快递的承诺"在 24 小时内送到"，将员工从日常工作中解放出来，让他们在 24 小时中独立地在跨领域、跨职能的团队中解决问题。在一段时间后，如果有效果，在理想情况下便可以立即执行。一些企业，例如德国电信股份公司和创新项目"UQBATE"甚至建立了企业内部孵化器。通过这样的方式，员工能够拥有较长的时间，从原本的工作中解放出来，并且能够获得必要的时间和资源，来将他们的商业理念转化为具体的产品。在此期间，企业内部和外部的专业人员和合作伙伴提供必要以及专业的知识和技术支持。

此外，还需要采取相应的措施来增加企业的生存机会：给予天马行空的想法一定的空间和时间，尽量减少官僚主义障碍。此外，你还可以从第 7 章关于促进企业创新能力的内容中得到启发。

IMPULS 因素 5：终身发展

近年来，随着许多西方国家的人口变迁和向知识社会的转变，终身发展的概念变得越来越重要。随着社会老龄化的加剧，许多公司都面临这些问题：①如何保证平均年龄较高员工的知识获取？②在老员工离开公司时，如何确保他们的实践经验得到保留？此外，专业知识更新速度以及创新周期加快，知识的半衰期（即通过正式或非正式的渠道获取的知识符合时宜以及适用的时间段）根据不同的知识类型，缩短至 1—3 年。因此，终身学习的能力就变得不可或缺。这种能力指在所有的人生阶段中自主、独立地去获取专业或者跨专业知识的能力，也即学习成为一种生活方式。终身发展意愿受到早年形成的基本性格特点的影响，例如对于新事物的接受程度。同时，在中小学、职业培训或者大学学习的个人经历也会对自学能力产生影响。

此外，对于提高获取新技能的兴趣来说，相关背景因素（诸如个人发展项目或者激励因素）也有很重要的作用。

对于企业的知识管理来说，终身专业和个人发展是保持竞争力的一个重要出发点。此外，通过提升使用新技能的动力，员工的参与度有所提升，这也反映了终身专业和个人发展。人都是爱学习的，如果没有对于学习的渴望，我们现在会仍处于婴儿的发育阶段。在孩提时代，我们会在游戏中通过试错来进行自我学习，然后随着我们长大，这种主动获取知识的过程变得日益被动。然而，人对于学习的天性是要通过尽可能多的渠道去获取知识，理论的麻木记忆和正面的课程教育却与此不符。幸运的是，最近几年人们开始对此进行反思：在教育和培训行业中，培训师的角色正在从专业的、优秀的朗读者转变为具有社会能力的学习伙伴。这样，横向学习作为获取（专业）知识的标志与纵向发展就区别开来了。后者指的是一种新的、本质上完全不同的思维和行为模式的经验建构，用不同的眼光去看待自己和这个世界。

那么，如何利用正能量来促进员工在专业和个人层面上的终身发展呢？你大概已经猜到了：积极的学习氛围是至关重要的！能够在日常的工作中促进员工发展，进行积极反馈以及拥有开放交流文化的企业，会拥有积极投入的员工，反过来又会带来更加积极的工作行为、知识分享和更丰富的创造力。例如，可以从美国科学家维多利亚·马斯克（Victoria Marsick）和凯伦·沃特金斯（Karen Watkins）从为确定学习型组织（DLOQ, Dimensions of Learning Organization Questionnaire，学习型组织问卷调查表）所建立的项目（参见下列方框）中获得衡量公司学习氛围的一些建议。

马斯克和沃特金斯衡量学习氛围（个人层面）的项目

每个项目的评分为 1（几乎从不）到 6（几乎总是）。

在我的公司或者我的团队中……

- 员工经常会公开讨论他们所犯的错误，以从中吸取教训。

- 员工非常清楚，解决未来他们面临的任务需要什么样的能力。

- 员工之间在学习上相互帮助。

- 员工的持续发展有经济或者其他资源上的支持。

- 员工有时间学习。

- 员工将面临的问题看作从中学习的机会。

- 员工的学习有所回报。

- 员工会给予公开并且诚实的反馈。

- 员工在发表自己的观点前会相互倾听。

- 无论职位高低，员工都敢于问"为什么"。

- 在发表自己的观点时，员工也会征求别人的意见。

- 员工相互尊重。

- 员工会投入时间来建立相互信任。

为了激励员工学习，无论员工是在职还是离职，通过沟通鼓励员工利用任何形式进行深造是很有必要的。此外，必须与员工沟通，让他们更加清楚地认识到，对于自身发展的责任。管理层、人力资源部以及主管部门不是全权负责员工发展的，而是鼓励员工参与。此外，这也反映了社会的个性化倾向：员工可以自己塑造自己的人生。如果允许员工选择他们想学的东西，他们往往会感到很有信心，不辜负公司对他们的信任。在英语语言研究中，还从社会交换的角度 (Social Exchange Perspective) 对这种积极的互动效果进行了研究：如同这句名言所说"你给我什么，我就会还你什么"，如果员工得到了组织的肯定和赞赏，就会更加投入地工作。

IMPULS 因素 6：社会支持

每天早晨你是否期待看到你的同事？当你面临问题时，你是否感觉得到了团队的支持？你是否觉得自己是专业团队的一分子？在工作小组有趣的讨论中，你是否感觉大脑受到了令人愉悦的刺激？那么你的工作参与度很有可能高于平均水平！

在第 2 章，我们已经了解到，在处理个人危机时，社会环境作为解决问题辅助因素的潜力。如果员工能在个人层面上相处融洽，他们更加投入，提出更有创新性的建议，并且准备好自愿投身于每天的工作，那么企业从中也能获益。人类是社会生物，在鼓励性的社会环境中，我们激励自己达到最佳表现。同时，我们的同事也会注意让我们在工作上的投入不会过高而甚至变成工作狂。因此，健康的工作投入是有一个前提的，即在工作中不会面临过高要求和压力的危险。

科学家最近展开了一系列针对"在关系中产生能量"（relational energy）的新研究。研究人员研究员工如何通过与他人的互动获得能量，并且将这种能量转化为积极的行动。例如，在体育场内观看一场激动人心的足球比赛时，你就能感受到这种群体能量。即使你对这项运动并不感兴趣，你也很有可能被其他观众的欢呼声和加油声感染和带动，或许你也会偶尔举起双臂欢呼，这说明能量转移已经发生了。对于你自身所经历的这种互动行为的理论有两个基本假设：

1. 能量是一种在社会环境中影响个人行为的机制。

2.这种机制是具有传染性的，并且能够在不同的人之间传播。

获得能量转移的人是有吸引力的，并且通常会受到别人会向他们的求教。根据目前的研究状况，为了对你周围同事产生具有积极能量的影响，你需要在他们身上完成以下三件事情：正面影响、智力刺激以及以你自己作为他们的行为榜样。因此，重要的是，你不仅要带着积极能量工作，还要思考，如何机智地去呈现这种能量，并且用适当的行动来证明。如果你成功做到了这些，你将为员工提供一种社会资源，他们将获得能量转移而促进自身的工作投入。

总结：速效维生素＋

• 参与是一种积极、令人满足以及与工作有关的精神状态，其特征是精力／能量、资源投入／奉献以及工作的深入。它不是一种持久的人格品质，而是一种暂时的态度。
• 员工的参与度能够通过 IMPULS 因素得到提高。

- 首先你需要给员工提出一个适当的要求水平，介于挑战和过高要求之间。这样能够产生一种心流状态，也即与工作融为一体。

- 通过鼓励性的沟通，包括激励人心的话语以及表示欣赏的倾听，员工会更加投入的寻找解决方案以及作出积极的贡献。

- 领导需要遵循 PLUS 领导的原则。

- 企业责任的转移会让员工像企业家一样工作。

- 促进终身发展会激励员工将所学付诸实践，并且会用更加积极的投入来回报领导对其给予的支持。

- 通过社会支持产生的正能量会提高工作的乐趣，并且提高员工的工作投入和参与。

5

整体远大于个体之和：团队合作的构建

"相遇只是一个开始，共处是进了一小步，合作才是成功。"

——亨利·福特

现今我们越来越多的工作是团队活动，几乎没有人可以在自己的办公桌或工作台旁完全独立地工作，必须相互协作调整、讨论提出新想法、共同管理项目。就职于知识密集型行业的人们通常花费其90%—95%的工作时间用于各种会议、电话和回复电子邮件，而在10年前这一比例尚为60%—65%。作为管理者，应该很乐意尽可能积极地组织公司内部的团队合作。

一方面，团队合作可以成为非凡成就的源泉，确保组织竞争力；另一方面，团队合作也可能会在工作小组内埋下冲突的隐患：团队成员各自的心理状态、不同的背景和想法，以及不同的工作风格会相互碰撞。在本章中，我们将阐述团队如何在不同阶段发展和保持其相互作用的积极循环，且不会迷失在激烈的争论中。

工作团队是许多长期有直接联系的人对一个团体有归属感，并且他们有共同的目标和标准，受任于共同的工作委托。应当指出的是，不是所有由个人组成的团体都是团队，其中的区别在于：团队具有同一个目标，且有目的性地聚在一起；而团体的概念则可以用于任何一个由个人组成的、其相遇或多或少有偶然性的群体，例如几个在晚会上围站在同一张桌子旁边的人：这是一个团体，而不是一个团队。即使是一个一起坐在食堂餐桌旁的员工团体也不一定是一个团队。在本书中，为了减少其复杂程度，两个定义均可使用。

团队并不总是以相同的强度和效率一起工作。与各种人际关系一样，团队成员首先要互相了解、达成共识、协商如何协作。但由于他们可能会面临新的任务、新的情况或是接收新的成员，所以这些非正式的准则往往无法最终确定，而是进入一轮又一轮循环协商。

科学家们为划分团队阶段建立了几种不同模型，在这一章中，我们将探讨其中最为著名的两个模型：（1）塔克曼（Tuckman）的团队发展阶段模型和（2）格尔西克（Gersick）的间断平衡模型。这两个模型并非相互矛盾，可以看作是互为补充的两个理念。在对这两个模型进行简要介绍后，我们将借助处于不同状态的小组，作为结构化工具来描述团队合作各个方面的优化方法。

塔克曼的团队发展阶段模型

通过分析和总结关于团队发展的各种科学研究，在 1965 年发表的模型中，布鲁斯·塔克曼（Bruce Tuckman）提出团队在其合作过程中会经历四个阶段。

组建期：不同的个体相遇，聚集在一起开始组建一个团体。团体的成员尝试着定位自己在团体中的位置，并且互相评估：团体中的其他成员如何？他们和我是相似的、还是完全不同的？

激荡期：第二阶段是协商团队成员的角色分配。通过权力斗争和情感与任务冲突的形式，成员们找到自己在团队内所处的位置，并且确定：团队的首要任务是什么？谁将处于团队中的（非正式）领导地位？

规范期：通过一段时间的共事，小组成员间的关系变得较为亲近，能够就团队准则达成统一，他们已经可以得出下列问题的答案：哪种行为方式是组内成员可以被接受的？而哪种会导致产生矛盾？团队内部有什么样的沟通习惯？

执行期：在团队成员相互熟悉之后，团队的重心落在了完成任务上。组内成员找到自己的位置且扮演好自己的角色，使团队以最高效率完成任务。

后来，塔克曼和他的同事玛丽·安·颜森（Mary Ann Jensen）为这一模型增加了第五阶段——当团队结束合作时会出现的情况。这一"解散阶段"（adjourning phase）是指团队逐渐衰弱的阶段，例如项目结束的时候。

格尔西克的间断平衡模型

与团队发展阶段模型的线性观点不同，间断平衡模型认为团队的发展不是规律性的，而是会经历几次不同的发展跳跃。科学家康妮·格尔西克（Connie Gersick）为此研究了八组日常工作中的团队和八组实验状态下的团队，这些小组都作为项目团队在明确期限内工作。通过对研究对象的观察，格尔西克指出，起初他们其实并没有卖力工作。当规定时间过去一半，最后期限迫近时，团队的工作热情才开始增加。这时，这些小组进入了转变阶段，这一阶段合作行为规范会发生变化，成员地位的冲突会得出结果。通过这一强烈的过渡时期，团队将会以更高的绩效进入第二阶段。在截止日期到来前，他们将专注于完成所有任务。

借鉴生物进化的过程，格尔西克将自己的研究结果比作团队合作的"瞬态平衡"或是"间断平衡状态"。她发现，从第一阶段到过渡期的时间长短，不一定取决于可供团队完成任务的时间，更大程度上与团队成员对时间流逝和截止日期临近的主观意识有关。

那么，塔克曼的团队发展阶段模型和格尔西克的间断平衡模型究竟哪个才是正确的呢？其实两个模型并非是相互对立的，而是互补的。二者相同之处在于，团队最初都有一个绩效较低的阶段。团队成员的角色分配十分重要，尽管有不确定性，但仍试图完成团队承担的任务。经过一段时间后，大部分团队会步入冲突期。前两个阶段即是格尔西克模型中激烈过渡阶段之前的时期。这一过渡并不是由时间导致的，而是由成员间冲突出现的一个团队内部进程。随着团队成员间良好地沟通相处，团队合作的质量也会变化和发展。这标志着团队踏入了第三阶段，即身份认同感增强且团队规范确立。基于这一系列共识，成员们将专注于工作，发挥自己最大的效率。

团队如何能够尽可能高效地通过各个阶段，产生更多积极影响，且在螺旋上升（参见第2章）的情况下不断前进？这个问题将在下一节团队合作中的各种挑战里进行讨论。

第一阶段：团队的组建

作为一名管理者，最理想的情况是建立这样一个团队：团队成员具备完成任务所需的所有必要能力，且互为补充。他们能够自发地为达到既定目标而努力工作，通过高度的社会交际能力和方法能力实现高效的合作。然而事实是，只有极少数的团队能够按照这个标准进行组建。由于能力不足、个人心理、政治因素或其他外部因素，在大多数情况下，工作团队是拥有各自目的的不同个体组成的多元团体。因此，第一阶段的主要问题是：如何使成员的高度多样性发挥积极影响？以及团队成员相互间的第一印象对日后的工作效率有怎样的作用？

长期以来，在多元化管理方面，公司代表和科学家们都倡导多元团队积极的一面。英语中称其为"信息／决策视角"，多元化的倡导者认为，多元团队具有与成员同类团队不同的视角，由成员们多样的经验背景可以得出更好的解决方案。但同时很明显的是，将不同经验背景联系起来的过程并不容易。

对团队多样性的批判观点（社会认同角度）指出，人们更青睐于他们已知的事情，正所谓"物以类聚，人以群分"，我们总是更愿意与和自己相似的人相处。在大多数情况下，这对于我们的自身形象并不是坏事：背景相似的人通常会认可彼此相像的东西，认可生活轨迹和决策，从而进一步加强了我们的一致性。事实上，在处理日常业务时，同质化的团队具有更高的效率。他们不需要通过长时间的讨论来寻找解决方案，而是可以在共同理解的基础上，快速展开工作。但是，当团队想要找寻新的出路时，这种同质化的趋势就会成为问题。团队成员们相似的思考方式制约了他们的创新能力：踩着别人的脚印就不可能超越任何人。除此以外，还有其他负面影响，例如志同道合者的优先权导致玻璃天花板效应，使得只有少数女性可以达到公司管理（顶）层的位置。类似的情况还有，在雇用职员时，企业很少考虑来自其他国家或有着不寻常履历的人，因为他们与通常的标准少有共同之处。

那么作为一名管理者，应当如何利用团队多样性的积极作用呢？首先，要意识到团队初期阶段的重要性。人们通常会在几毫秒内对他人做出判断，并且这第一印象很难改变。"晕轮效应"还指出，认知者会根据对他人形成的第一印象推论这个人其他的行为。如果我们对一个人是有好感的，那么我们很有可能会对其言行加以光环化（"光环效应"）。当然，这个机制反之亦然：如果最初我们认为一个人是不可靠和不友好的，那么我们更倾向于批判性的看待他的行为（"妖魔化效应"）。研究人员罗森兹维格（Phil Rosenzweig）已证实，在研究和实践中都存在这样的歪曲效应：由于研究人员和管理人员往往力求揭示企业成功的关键驱动因素，所以他们常常忽视背景因素，而高估了企业的贡献。人们忽视了环境因素：企业则要依靠自身的力量达到成功。同时，这一趋势也适用于企业利润暴跌的负面情况：公司的失策（而不是变化的市场条件）是造成业绩下滑的原因。

为了促使具有不同特征的员工对彼此产生积极的第一印象，基本沟通是至关重要的。有足够多的文献教人如何具体进行多样性管理——然而，如果企业文化已经在潜意识里被打上了负面的标签，文献中的方法也只能起到很小的作用。这一事实得到了研究的支持，研究表明，组织对自己多样性管理举措的看法往往和员工们实际感知到的有很大出入。

在管理多样性方面，许多公司采用避免亏损的策略，将解决预期困难放在首位。例如，年龄多样性的管理措施通常首先考虑减轻年长员工的工作、为其减负，甚至缩短其工作时间。在文化多样性方面，人事部花费大量时间制定整合战略，从而促进不同文化的结合。从这些举措中你注意到些什么了吗？交际影响很明确：我们需要制定一些措施来解决"年龄赤字"或"不同文化赤字",这些例子也可延伸到多样性的其他方面。反之,将发掘多样性带来的潜力放在首位更能产生积极效应。如果我们更加强调持续学习的发展空间,而不是一味强调风险会怎样呢?当一个团队在结构上紧密相连,并把它作为一个积极的目标呢?必须转变固有想法(参见第8章)!

第二阶段:团队内部冲突

当团队成员的目的、目标或价值观不统一时,团队内部就会产生冲突。几乎每个团队都会经历矛盾频发的阶段,对此我们不应将其视作完全负面的,而要学会发现它的益处:冲突的产生可以促进绩效和创造力的提高!想要理解这一违背直觉的表述,首先要了解由人际关系而产生的冲突和由工作任务而产生的冲突之间的区别。此外,还要在个人层面和团队层面上区分冲突的不同类型,从而根据类型的不同,采取不同措施处理分歧。

首先要指出的是，由人际关系而产生的冲突造成了成员间交流的负面形象，例如，由于对交谈对象的反感，或彼此间不同的生活景象而造成的意见不合。这种冲突暗含着一定的风险，人们容易感觉自己受到质疑，由此很难产生一种积极的影响。反之，由工作任务产生的冲突只涉及任务本身，例如如何解决眼前的问题，或者应该从哪些方面入手。正因为这类冲突的矛盾点在于其自身，所以它们可以加深成员对任务的思考，从而获得更好的解决方案。作为一名管理者，从团队建设的角度出发，为减少私人冲突，促进任务冲突，管理者应当使团队意识到这两种冲突的区别，并为团队成员提供有利举措建议。应当注意的是，不要抑制冲突的发生，因为潜在的冲突会长期影响团队的绩效。

一项可行的干预措施是采用苏格拉底法。哲学家苏格拉底以对交谈者的陈述不断究根问底的对话方式闻名。苏格拉底认为，大多数人常常是自以为自己明白：人们认为自己知道某事，但经过细细拷问，却往往无法给出令人信服的答案。那么如果您以正面的方式使用批判式的苏格拉底法呢？你指定一个人担任苏格拉底的角色，这个人可以立刻以反驳的方式，对任何存在质疑的表述进行追问。例如，一个团队成员说："我不知道这是否可行，到目前为止 XY 部门尚未参与过这类问询。"担任苏格拉底的人进一步追问：XY 部门不参与的原因是什么？公司目前的形势很乐观，哪些理由会导致 XY 部门拒绝？是否可以在 XY 部门中找一个支持者，让他来说服其他人？通过这种"苏格拉底—团队"式的制度化批评，您可以激发团队潜在的任务层面冲突，提高团队绩效。在采用这种方法时，要注意保护扮演苏格拉底式提出批评的人，避免他人误解和在团队中不受欢迎——毕竟他们只是按照指定角色行事。

以各参与方能得到最优结果为目标的哈佛理念也是一种为人熟知的谈判方式，这一方法的原则是发生冲突时对事不对人。准则是"做事要坚决，待人要温顺"，这个方法的建立基础是对协商双方都能带来同样积极的影响，以理想的方式寻找共同的解决方案（参见图 5.1）。交谈双方的重点放在传递积极的自我信息，而不是为协商过程带来指责、谣言和推测。为防止草率做出判断，一件事情要有尽可能多的选择方案。双方应根据客观的评判标准（而不是主观考虑）

做出决定。这样做可以避免因双方感到压力而促成决策。若有两个备选方案同样完善时，可以通过抽签来进行公平决策。当冲突解决、而双方都没有感觉到自己做出了妥协时，就产生了积极效应的螺旋上升。

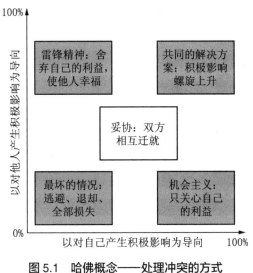

图 5.1　哈佛概念——处理冲突的方式

基于哈佛概念，可以将各冲突类型在个人层面进行划分，分类的依据是以对自己产生积极影响、和以对他人产生积极影响为导向的程度：

1. PLUS 协商者寻求一个对自己和对方都积极效应最大化的共同解决方案。这类方法是基于积极效应的基本原则：只有当人们既尊重自己、也尊重他人，并相信积极态度的力量时，才能达成积极影响的螺旋上升。PLUS 谈判者能够认清自己的利益，但也能通过换位思考看清他人的需求。

2. 逃避者对冲突有着内心的厌恶。因此他们总是试图避免争论，不去考虑如何在建设性的讨论中，为自己和他人带来正面的解决方案。而这样做的后果是，为了逃避不舒服的冲突局面，使得自己损失了利益。

3. 妥协导向者通常会早早（草率）地作出决策。这种类型更愿意在短时间内结束共同寻求解决方案，从而为对方和自己取得一个中等程度的正面效应。

4. 机会主义者试图自己从中获得最大利益。这类人常通过言辞来实现自己的利益，却不考虑带给对方积极效应。

5. 雷锋类型恰恰与机会主义者相反：他们想要讨好所有人，帮助所有人。由于只考虑他人利益，使得自己的需求退居次要地位。这种类型的人往往也是厌恶冲突的，为了重建和谐气氛，他们在尚未真正寻找解决方案的情况下，可以很快同意对方的观点。

人们根据不同的个性，可采取下列五种策略：

性格外向的人面对冲突会坦然地处理问题。这种性格对建设性地解决冲突是良好的先决条件；然而，具有这类人格特质的人往往容易独断专行，缺乏接纳他人观点的能力。可以通过向外向者提出不能泛泛而谈的事实导向型问题，来避免这类情况发生。例如：若你处在我的位置，你会怎么做？你批评的原因是什么？你还想到哪些解决方案？你可以用自己的话总结一下外向者的发言，并帮助他理解你的观点。

性格内向的人则倾向于避免冲突发生。他们很少随意表达自己的想法，而是将所有想法都藏着。当和他人的矛盾点不断累积时，他们才会说出来。而对他们的交谈对象来说，强烈的反应常常令人惊讶。管理者可以在这种时候尝试引导他们回归到事情本身：哪些方面（详细描述）一直以来使交谈对象感到不满？提前预防这种情绪波动的最好办法是，有意识使沉默寡言的同事或员工活跃起来，并征求他们的意见。管理者也可以将这种问题方法加入日常制度，例如通过在团队会议中引入"3+3回合"，即每个员工讲述3分钟进展不顺利的事情，然后其他的小组成员用3分钟的时间来解决其所面临的问题。

善于分析的人是理智的，敢于直接处理矛盾。通过系统地记录矛盾的各方观点，用数字、数据和事实寻找解决方案。他们有很强的正义感，想要使所有成员达到最大化的积极效应。这一类型的冲突是每个小组的建设性资源，但有时候接纳他人观点对他们来说有点难。管理者可以利用他们喜爱公开讨论有建树的批评意见，来保护这类人不被团队所反感。例如，让他们担任上文提到过的团队苏格拉底角色，在团队寻求解决方案的过程中，不断有条理地提出质疑。

注重细节的人也是理性的。他们的特点是高度自觉，想要通过讨论得出解决方案的每个具体细节。同时，他们的考虑又基于事实现状，这对于冲突中的团队是非常有利的。但当团队中同时具有感性成员和这类理性成员时，就会出现问题。在这个时候，管理者必须扮演调解人的角色：通过构建话题库等方法，认真看待这两种论据——理性的和感性的。双方表述完自己的观点后，让小组以有益的方式解决每个话题的问题，例如使用苏格拉底式的方法。但当他们太过于追求细节时，管理者应慢慢减少这种性格类型的成员。

与理性类型相反的是，感性类型喜好凭直觉作决策。这类人试图理解冲突背后隐含的动机。由于不喜欢做事务性的具体分析，所以他们一方面可能在缺乏有力论据的情况下，快速作出决定；另一方面，则可能在矛盾的充分解读中迷失自己，从而加大客观分析的难度，不必要的延长决策过程。此处，上文提到的收集理性和感性两方面观点的主题库，也能起到有利作用。管理者应鼓励团队成员多表达自己的客观论点，而不是因凭直觉作决策而草草结束讨论。

当然，人们无法总是明确地归于某种特定的冲突类型或性格类型。根据情绪、情况和环境因素，会出现不同的混合类型。在新组建的团队中，确定（暂时的）角色分配能够促进冲突的解决。上述分类可以使团队成员分析自身行为，有利于团队发展。增强不同性格特点的透明度，可以减少成员间的彼此误解，加强成员行为的可预测性和可追溯性。

在处理冲突时，不仅个人性格可以分为不同类型，团队整体也可以划分为不同的类型。例如，有些符合塔克曼典型理想模型的团队，在合作初期会经历强烈的冲突阶段（激荡型团队）；而有的团队则最初相处得较为和谐，在项目进程中关系越来越易产生摩擦（升级型团队）；还有一些团队在成员相识之初产生了激烈的矛盾，随后在合作中冲突日益减少（和谐型团队）；也有成员间的摩擦长期以来不多不少，较为稳定（持续型团队）；最后一种，则是在组队初期就发生强烈冲突，随后陷入沉寂，而在项目截止前冲突再次爆发（淡季型团队）。冲突程度的变化过程，如图 5.2 所示。

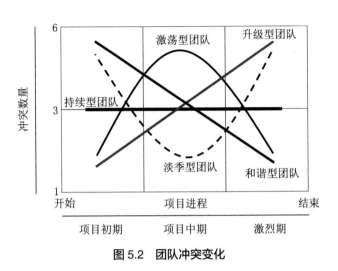

图 5.2　团队冲突变化

　　看过图 5.2 后你可能会问，哪种冲突过程最有可能带来正面的结果呢？在一项对 42 个团队进行的项目进程调查中，我们得出了结论：团队矛盾持续减少对团队的绩效最不利，正如和谐型小组。和谐型小组如同个人层面的妥协导向类型，这些团队过早地就解决方案达成一致，从而不能达到冲突积极效应的最大效力。此外，这类团队——就如个人层面的逃避者——也想要避免更多的冲突。因此他们选择了发生矛盾最少的方法，成员间不会互相摩擦，只是单纯地解决问题。然而，这种（表面上的）和谐会带来潜在危险：在意见相左时，成员们必须公开讨论，以便及时发现和应对可能影响大局的事情。美国作家彼得·伊卡诺米（Peter Economy）提出，公司在经常努力吸引那些价值观和信念符合公司理念的专业人员时，也注意到了这个问题。这样一来，虽然组建了氛围和谐、观念相近的团队，但是由于同质化团队的思路一致性也会削弱他们的创造潜力，从而导致团队停滞不前。

我们继续回到对 42 个团队进行的研究，在最终绩效评估中，哪种类型的团队取得了最好的结果呢？激荡型团队，这一类型符合塔克曼提出的团队发展典型理想过程。团队成员经过初识阶段后，进行激烈讨论，不仅从理论角度看是有意义的，在实践中也是有重要作用的：在团队必要的攻坚阶段避免过多的融洽、欢乐，因为这个时期是团队高质量的解决过程和创新思想的基础。管理者应当着重建立积极的冲突文化，而不是阻止矛盾发生！确立有约束力的小组规则有助于团队在冲突时进行沟通。管理者可以在"（冲突）沟通的一般规则"中找到一些典型指导方针，可以根据自己的团队对其进行扩充，使其适应团队自身现状。

（冲突）沟通的一般规则

1. 意识到自己对团队中的积极氛围负有责任。

2. 善意交流，尊重他人。

3. 表达自我信息。

4. 不要指责他人、不要猜测和散布谣言。

5. 不明白他人观点时，可以进行追问。

6. 运用"三明治策略"：积极开展、客观批评、积极结束。

7. 如果有些事情不了解，请仔细倾听并弄清楚。

第三阶段：确定团队规范和团队身份认同感

无论是在幼儿园、大学、团体运动抑或工作中，我们已经习惯了遵守一定的（明确规定或潜在存在的）行为准则。社会规范描述了所有团队成员都接受的规则和标准。这种依靠信念维系的体系引导着我们的行为，并减少了团队中日常行动的不确定性。因此，（积极的）团体规范对于团队顺利运行和高效合作至关重要，而消极的团队规范也可能导致相反结果——低效率和高犯错率。试想一下，如果一个团队对工作时间或是滥用差旅费的限度很宽松，那么这种缺失的团队规范也会导致效率低下，因为成员们的行为没有统一（正式）的准则约束，所以也就没有可规划性。

团队规范对我们自我形象的确立也同样重要。我们定义社会环境中的自我身份，即我们存在的核心和自我认识。身份包含很多方面，例如作为家庭的一员、在工作岗位或是在体育运动中，所以工作中的团队合作也会影响我们的自我认识。我们对此无能为力，或多或少——但我们在每一次与他人互动之后，必然有所改变。团队在确定行为规范的时候，可以运用这一基本原则。如果管理者想通过团队工作为大脑的思考结构带来积极的改变，那就要确保团队积极的集体精神！

为使团队成员产生归属感，首先要强调积极沟通的重要性（详见第二阶段）。积极沟通为消极沟通三倍的团队，不论是在硬性的业务指标，还是如团队满意度等弹性因素方面，都更为成功。适当的沟通习惯可以带来积极情绪的螺旋上升——或是恰好相反。

当团队迷失在负面的、无用的沟通中时，就会陷入恶性循环，也就是破坏性的互动结果。这一结果会带来对现状或地位斗争的抱怨和人际间的冲突，其中也包括对人不对事的"杀手用语"（例如，"对于您一个训练有素的工程师来说这应该很容易理解的吧！"），或扼杀核心思想的"杀手用语"（例如，"我们一直是这样做的。"）。在实验室和实践中进行的各种团队研究证明，这种互相作用的过程会变得独立，一个团队成员抱怨、另一个成员同意他的观点，这又会引起其他人的负面评论。这种循环不仅令人讨厌，而且对团队的绩效也有很强的负面影响。一项有关19家公司的59个团队沟通行为的调查研究表明，随着团队沟通破坏性的加强，公司成就和创新能力长期将会下降。如果管理者意识到团队中有成员开始抱怨，那就应当开口干预。可以通过询问来化解他的埋怨，将谈话转为更积极的话题，总结一下会议进程或是开个玩笑，主要目的就是打破谈话变得更为负面的势头。

值得高兴的是，积极的互动周期也是可以自我强化的。在一项研究中，一个国际研究团队分析了 43 个团队在小组会议中的 43 139 份发言，他们发现，大量积极的沟通有利于提高团队重要指标的绩效。此外，研究学者们表明，建设性的交流可以自我加强：积极和有助寻找解决方案的发言会提高后续其他成员积极发言的可能性，而阐释问题的发言则减少后续积极发言的可能性。由此，当小组内多人发言后，乐观、可信的沟通会产生提高绩效的效果。这表示，管理者应该尽力让所有成员都积极参与到发掘解决方案的行列中。而对于喜欢全方位阐释当前（问题）处境的成员，管理者可以适时打断，因为他们会阻碍积极互动循环的发展。

创造积极沟通氛围的决定性因素是所谓的团队心理安全。这一术语由哈佛大学艾米·埃德蒙森教授（Amy Edmondson）于 1999 年提出，指的是每个团队成员都相信自己能够在团队中表达自己的观点，且不会因此不受尊重或失去信任。在一个有安全感的团队内，成员会感觉自己同时被认可且得到尊重。在一项对波士顿医院的团队调查中，埃德蒙森发现了心理安全和团队激励间惊人的相互作用。研究人员在分析收集到的团队数据时意外发现，有越多可识别错误的团队通常具有更好的绩效和更高的队内关系质量。但是，为什么错误越多，越会取得好的结果呢？因为发现更多的问题，可以更好的解决它们，帮助团队成功。相比隐瞒错误，这样反而有更高的"治愈率"。

那么哪些团队格外愿意将错误表达出来呢？关键在于理解组织规范。若在一个团队中，犯错会被训斥或者提出改进建议被当作无知，那么没有成员会想要承认自己的不安全感。就会充斥着较低的心理安全水平，恐惧支配着团队成员的感受，毕竟没有人想要分享自己的弱点，并被嘲笑。有较高心理安全感，但没有高绩效的团队，同样没有达到他们自身的绩效最大值。这些团队在舒适区内创造了安逸的氛围：每个成员都感觉很舒服，同时也适应了较低的绩效水平。

在社会心理学中，当个人贡献无法衡量时，团队绩效下降是有据可查的，即林格曼效应。19世纪末，法国工程师马克斯·林格曼（Max Ringelmann）进行了一项不同数量参与者拉绳子的实验。通过测力计得到的测量结果显示，受试者单独行动时的力量要比在 3 或

10 人的团队中更大。因此，在处于团队中时，人们往往会带来比个人预期实力更低的绩效。但是，只有在个人贡献不透明，且团队绩效下降时，这种效应才明显。

若工作动力和心理安全二者都处于一个低迷状态，团队则会处于一个近乎麻木的状态。只有当团队处于"学习空间"时，才能取得长期的高绩效（参见图 5.3）。这类团队的心理安全感、工作动力和个人责任感都是较高的。小组成员可以随意探讨错误，并想要提高自己的效率。

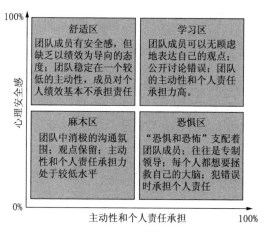

图 5.3 团队的心理安全感和主动性

对于管理者的日常管理而言：员工对安全感的需求不仅是较低的"丢饭碗"风险，还涉及团队的心理安全。这一发现已经在谷歌的一项大规模研究中得到证实，这项研究对100多个团队进行长期分析，并试图通过基于数据方法优化。最终得到的结果是：无论团队成员有多么聪明，或外部环境如何刺激，除非创造一种高度的心理安全氛围，否则这一切都不重要。作为一个领导者，应当创造这样的氛围：明确表示不能容忍贬低性的言论，创造公开的"犯错"文化，鼓励团队成员进行建设性的批评。

此外，团队成员应在规范期内塑造自己的角色。明确了每个人的任务和责任，团队责任分散效应的风险就会降低，也就是说，团队中没有人觉得自己该为事件或行为负责——如那句名言"团队？很好，有人在做了！"为了通过明确个人角色以抵消这种效应，在研习会或个人辅导中，团队成员可以深入研究不同团队角色。不需要以团队角色刻板行事，而是使角色和自己的期望、性格以及行为模式相平衡，清楚自己的定位。

在团队观察的基础上，英国人梅雷迪恩·贝尔宾（Meredith Belbin）提出了这样一个观点，人们占据团队九个角色之一。贝尔宾认为团队角色是对特定交互模式的偏好，这会影响个人与其他团队成员的交流方式以及整个团队的工作。图5.4展示了九种不同的团队角色及其特征，这种模式的科学理论，促使管理层召开适当研讨会来测试团队角色；您也可以将这种角色描述作为团队的讨论激励。

对于管理层来说，这个阶段最重要的是：为方便个人定义自己的团队角色，并帮助团队整体具有积极的身份认同，管理者应当利用积极效应。除了通过讨论确定角色外，另一个行之有效的方法是"资源ABC"法。每个成员拿一张绘有3列、26行表格的纸，然后选择一位自己想要描述的成员。在第一列的每个格子中填入一个字母，在第二列写出其所描述成员具有的正面资源，而每个资源的首字母必须与其对应的第一列字母一致。例如在第二行的第一列可以写汽车（Auto）、订货簿（Auftragsbuch），等等——所有关于被描述成员可以想到的资源：物质资产、特征、能力、学位、人、前景、书籍等诸如此类。第三列则是列举能够证明第二列的例子，例如具体情形

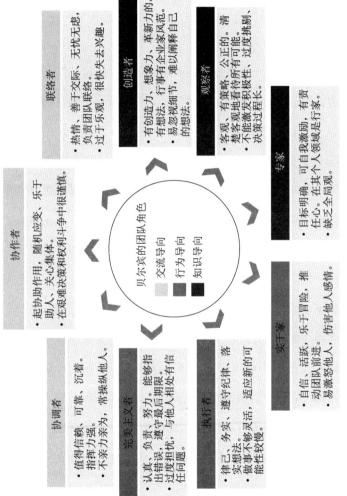

图 5.4 团队中的九种角色

联络者
- 热情、善于交际。无忧无虑，负责团队联络。
- 过于乐观，很快失去兴趣。

创造者
- 有创造力、想象力、革新力的想法。行事有企业家风范。
- 易忽视细节，难以阐释自己的想法。

观察者
- 客观、有策略、公正的。清楚客观地看待所有可能。
- 不能激发积极性，过度挑剔，决策过程长。

专家
- 目标明确，可自我激励，有责任心。在其个人领域是行家。
- 缺乏全局观。

实干家
- 自信、活跃、乐于冒险，推动团队前进。
- 易激怒他人，伤害他人感情。

执行者
- 律己、务实，遵守纪律，适应新的可能性较慢。
- 实想法不够灵活，做事前进。

完美主义者
- 认真、负责、努力。能够指出错误，遵守最后期限。
- 过度担忧，与他人相处有信任问题。

协调者
- 值得信赖、可靠、沉着，指挥力强。
- 不亲力亲为，常操纵他人。

协作者
- 起协助作用、随机应变、乐于助人、关心集体。
- 在艰难决策和权利斗争中很谨慎。

贝尔宾的团队角色
- 交流导向
- 行为导向
- 知识导向

167

或事件。

"资源 ABC"法是一个很好的正面启动效应。通过关注其他人的优势和能力，成员们会有更良好的感觉，且常常惊讶于团队拥有的丰富资源。这一方法与注重他人劣势和非客观评价方法恰好相反，后者可能会导致负面情绪和行为，例如《世界上最好的电视秀》中主持人克拉斯·赫弗-乌姆洛夫（Klaas Heufe-Umlauf）要求志愿参与者在"艰难但不公平"的环节中相互评价：谁是最愚蠢的／最无趣的／最烦人的候选人？最终对决中的两位候选人拥有经典"囚徒困境"中的两个选择：风险球和安全球。根据他们的选择，两候选人可能会赢得一笔数额不小的钱——但这取决于对方的选择。若两人都选择安全球，两人各得 2 000 欧元；若一人选择风险球，一人选择安全球，则选择风险球的人获得 8 000 欧元，而另一人则空手而归；若双方选择风险球，则都没有奖金。负面启动效应会有什么影响呢？想必你可以猜到：不合作行为的可能性增加了。幸运的是，这一效应也可以起到积极影响：因此建议您使用"资源 ABC"法，避免负面效应占主导地位。

第四阶段：促进团队绩效和创新能力

在到达这一阶段时，团队成员已经相互了解，经过摩擦最终达成共同的标准和角色分配。团队中可能已经产生了较为创新的想法，或是新的解决方案，具备了达到最高效能的良好前提。您需要怎样做才能使成员们不同的优势发挥出积极作用呢？通过培养小组的冷静和专注力。这一阶段的主要任务是落实，因此，广泛的头脑风暴讨论和微观管理行为都不合适。您可以想象一下团队的绩效曲线就像烹饪一个包含多道菜的创意菜单：首先要协调好各道菜和配料，购买所需材料，为烹饪过程做准备。现在一切准备就绪，每个成员都清楚知道自己的责任范围，即锅已经加热好了。显然，这个时候重新讨论配料或烹调菜类都是适得其反的。广泛的思考对于寻找解决方案固然是重要的，但若要取得高效，专注才是成功的关键。下面将介绍：①建立正面的日常工作习惯；②避免"超负荷工作"及③将幽默感作为一种提高团队绩效的措施。

首先来了解一下创建日常工作流程。固定的工作流程、自动运作的行为模式、常规和周期性结构对我们的大脑而言是一种解脱。例行公事不是低要求和愚蠢重复的同义词。相反，即使是非常复杂的日常工作，经过长时间的实践，也可以变为日常流程。请回想一下你在新工作中的第一个项目：一切都是未知的，你需要了解项目管理的各个步骤，自己建立一个网络，熟悉公司的业务标准。而在负责第二个项目时，计划和执行都相对容易些了：你不再这么焦虑，已经采取了一些策略，不会因为偏离了计划而受到干扰。

不要每天发明新的日程，而是要习惯积极的例行日程，就会如这个例子一样，使团队从中获益。对此，团队发展自身结构是大有益处的。对于某些工作小组来说，这意味着一周内每天的议题都围绕着一个固定的主题，例如周一召开内部会议、周二专注于个人工作、周三是创意项目，等等。你也可以将此原则用于更小的事项上，例如使会议总是遵循相同的程序，尝试着使自己的工作日按照特性的模板进行。可以推行一些积极的团队放松活动，例如"每日一歌"，组内成员每天轮流在休息的时候唱一首歌；或是在下午休息去咖啡馆路上的"头脑漫步"。结合团队情况调整积极效应：让每个成员提出五个例行惯例，每个月在团队会议中共同选出三个有积极影响的日程。很多地方都可以为此提供启发：网络上、书中、孩子们……亚里士多德说过：会成为什么样的人，全看重复做什么样的事。因此慎重决定积极的例行日程!

固定日常工作流程的反对观点是例行公事不利于团队创造力，而这其实是人们的偏见。员工们可以利用由此释放的多余精力，更深入地思考自己的工作。如果使用较少的脑容量来思考什么时候应该如何做什么事，就可以将这些时间用于其他活动。资源分配理论指出，当经常性活动或计划任务常规化，这一效应会尤其明显。而对于很少进行的活动，认知空间的节约量则较低。举一个很容易理解的例子，如果管理者只需要每月回答一次有关某特定主题的询问，那么创建标准模板不会节省很多时间。而若管理者需要每天三次回答这样的问题，那么一次性创建模板，可以在将来的回应中节省很多时间。

除了建立团队的日常流程，管理者的另一项任务是避免协同过载。当想要获得有创意的想法、投票表决或共同决策时，团队应当聚在一起。但高效的团队不意味着，每个人要将自己的行动不间断地告知其他人，特别是那些与他们工作并不相关的行为。我们花在团队中的时间越多，就越能有效的塑造我们的互动。但是，哪些准则可以帮助团队成员们从对话中积极地走出来，并尽可能好地利用自己的时间呢？

罗布·克罗斯（Rob Cross）教授和彼得·格雷（Peter Gray）教授研究了，有效团队工作者之间互动和绩效不佳员工间互动有什么区别。他们发现，如流程图表、内部财务分析、责任范围和组织架构分析等传统方法基本无法回答这一问题：为什么有些团队会出现协同过载，而其他团队尽管责任重大，仍能高效完成。因此，为了揭示这种不良互动模式，他们选择了组织网络分析。他们发现，相较于高效团队的成员，效率较低的管理者和成员多花了2—5倍的时间用于交流。低效的管理者在会议中没有清晰架构，使得太多不必要的人参加会议，有时只是为了做一个日常决策，而且通常不尊重别人的时间。从他们的分析和案例研究结果中，研究人员总结出一个避免协同过载的建议清单。希望给你启发！

避免过度合作，推动螺旋上升

结构型措施

1. 确定组织网络边缘的员工，例如那些项目参与程度较低的员工，并将他们的工作转交给其他同事。

2. 将日常决策（例如旅行批复、雇佣和晋升决定或低资本投资决定）交给任务较少的职员，或将此任务重新分配。

3. 定期通过公开的方法收集必要信息（公司内网、团队白板、商谈对象）。

4. 请提出询问的人清楚说明，为什么这个事情或这个问题需要您的专业知识。

5. 为提升合作伙伴专注力，使会议更高效，请制定团队日常安排（如例行安排或议程政策）。

6. 为制定发展前景和协调计划，定期、密集地召开会议，不要总是简短、零碎地会面。

7. 在开会前清楚地说明会议的主题和必须到场的员工。减轻认为自己每场会议都必须到场的员工的负担。

行为型措施

1. 尊重他人的时间

2. 避免表现出管理者想要掌控全局，而是鼓励员工自己作决定。

3. 不要总是帮助员工解决问题，而是帮助他们学会"自助"。

4. 不要专注于与核心目标无关的工作。尽量避免无法带来实质成果的会议，如果无法避免则把它当作一次学习机会。

5. 如果您的员工提供反馈意见，你应该只关注建议和改进意愿，这可以大幅改善公司情况（>25%）。

6. 会议中保持充分的注意力，提出积极的改变策略，以减少对同一主题过多的进一步讨论。

7. 当出现信息误解的苗头时，尽早从邮件沟通转为直接联系。

另一个建立正面影响的建议是：不要失去幽默感！幽默感十足的言论和团队效率间的关系已经被科学知识证明。一个笑话通常会使得其他成员大笑，然后得到另一个诙谐的回应。这样的"幽默集体"不仅会改善团队的效率，还可以提高员工的幸福感。此外，幽默的言谈会促进新的解决方案产生，加强团队的凝聚力。最后，我们需要别人带动我们笑：我们在群体中笑的可能性是我们独处时候的 30 倍。幽默感有助于团队加强身份认同感和集体感。

然而，幽默可以是一把"双刃剑"。有些表达只是我们自己觉得有趣，而对别人来说是一种冒犯。科学家西格佛里德·德维特（Siegfried Dewitte）和汤姆·瓦尔古茨（Tom Verguts）将笑话分为三类：第一类笑话由于太显而易见，或太乏味无法引起对方的笑声。第二类是成功的笑话，可以很好地平衡惊喜效果和内容，引来一阵爽朗的笑声。而第三类笑话只能得到犹豫地微微一笑作为回应，这类笑话直接冒犯了他人。请记住这个类别：不要开以牺牲别人为代价的笑话！这样您不仅不会得到积极回应，还会感觉到不舒服。幽默感应该促进社交互动，而不是使其更困难。分享您经历过的有趣或不幸的事情，主动参与制造属于你们的内部笑料，自嘲也可以。另外，做一个好的幽默接收者：我们都希望自己在团队中是有趣的、被团队所接纳的，那么就笑吧！

总结：速效维生素＋

团队指一群长期保持直接联系的人，他们对团队有归属感，有共同的目标／规范，有共同的工作任务。

最著名的团队发展模型是塔克曼提出的阶段模型和格尔西克的间断平衡模型。两种模型都认为合作的质量会随时间发生改变，积极效应可以根据阶段区分使用。

建立：当不同的观点受到尊重，而不是强调差异时，团队多样化有利于提高绩效。"光环效应"表示对一个人的第一印象会使影响后续对这个人的看法，所以要有积极的态度！

冲突：任务相关的冲突对于最大化团队效率至关重要。不论是个人层面，还是团队层面，都有不同类型的冲突，其中涉及具体的管理问题。

团队准则：建立所有团队成员都接受的规则，借助积极效应的螺旋上升、提升心理安全感和清晰的角色分配，避免恶性循环和破坏性行为。

高效阶段：需要团队冷静和专注。团队应有固定的日常工作程序，以避免协同过载。为取得良好的结果还需要一点点幽默感！

重要的企业软实力：创造价值的企业业文化

6

"实现组织变革的最好方法，就是使用积极的、有帮助的文化因素（优势）。"

——组织心理学家，艾德佳·沙因

我们已经谈论了个人和团队层面的积极效应，现在来谈一谈企业整体层面。积极的企业文化是企业达到高绩效的核心影响因素，这一事实已得到广泛证实。各种研究、书籍和博客文章都描述过良好的企业文化、尚未开发的潜力以及为提升企业竞争力而进行文化变革的必要性所扮演的重要角色。一种强大的企业文化甚至可以补救糟糕的领导力——这当然不表示可以忽视增强领导能力的重要性。

那么究竟什么样的企业文化才能称得上是积极的企业文化呢？花三分钟时间来整理一下答案，你会发现这个问题并不容易回答。可以确定的是，不仅仅你一个人对此有困惑。对来自130个国家的7 000名（顶层）管理人员进行的一项调查显示，82%的人认为企业文化对公司竞争力有重要意义。与此同时，只有四分之一的受访者表示他们了解自己的企业文化，而只有19%的人相信他们的企业文化是真正有助于实现企业目标。

在本章中，我们将为管理者提供衡量和构建企业文化的思路。首先将讨论一个优秀的企业文化应具备的特征，然后我们将看看如何识别企业的现状。如果根据测试结果，你认为企业有必要改变现有文化，接下来你可以了解相关高管和员工对企业文化改变的预期情绪反应。为此，我们将正能量运用到文化变革过程的七个情感阶段中。

积极企业文化的特征

企业文化反映了一个企业所有有意义的价值观、规范和准则。共同的想法、期待、信念像纽带一样，将所有员工和管理者连在一起，且引领大家前进。因此，文化是一个重要环节，尤其是在如今这种不断变化、不断颠覆的时代。企业文化的特点是有意识且看得到的，这些官方宣传的文化元素通过公司的标志、颜色或周年庆等仪式表现出来。此外，大多数公司还会使用各种信息渠道，如互联网和公司内网、宣传册或海报来说明自己的企业价值和基本原则。因此，企业文化也有向外传递企业理念的作用，有利于招揽新顾客和吸引新员工。

判断一个企业文化是否是积极的，要考虑两个层面。首先要能为员工带来乐观的愿景：员工想要尽可能好地完成自己的工作，从根本上他们有工作动力且值得信任。因此，在结构层面，应在制度上保证所有组织成员的发言权，活动自由度，平等的合同、薪酬、工作时间安排，思想管理举措，透明的信息制度和发展前景，努力实现员工工作与生活相平衡。在"软"层面上，有不可客观测量的人际交往因素。美国"积极组织学"运动的先驱者金·卡梅隆（Kim Cameron）分析组织中正能量带来的影响，他与他的同事们确定了6个"软事实"，即积极组织文化的软特征：

1. 欣赏／尊重
2. 员工间的支持／友好
3. 同事间互相关心／有责任心
4. 避免责备／容许错误
5. 认可／工作合理
6. 相互鼓励／启发

这六点都涉及正能量的运作机制，因为它们都是基于强强理念。长期以来，管理者的重点都是弥补劣势，这样做固然可以限制潜在危害，但也失去了进一步上升的可能。在积极的企业文化中，在发挥个人优势的同时，员工们互帮互助，促进个人资源共同发展。上述六点不仅可以使得员工个人安全系数螺旋上升，而且与公司绩效密切相关。最重要的是，这六项积极举措的改善，可以使组织的效力得到长期提高。

除了把握上述这些基本出发点外，还需要注意，不存在一定好的企业文化。良好的企业文化都具有以上核心特征，但这不表示所有成功企业各个方面都是一样的。一个公司的文化必须符合其历史和现今的战略，例如，如果公司采用财务低成本战略，那么拥有高昂差旅费和华丽办公大楼的"奢侈最大化文化"就不是一个适合的最佳企业文化。用一个画面来描述，则是：企业文化与企业战略相比，就像是一个锅盖。当锅盖太大的时候，热量会跑出，也就是当企业战略和文化不相符时，战略所具备的潜力也会消失。如果有足够的能量，锅里的汤可能会煮一天，但这样的话，投入的资源、准备的时间和质量在效益比方面可能会成问题。

现状：衡量当前企业文化

公司目前的企业文化如何呢？可以通过大量易测得的业务指标评

估：营业额、销售量或生产过程中产生的废弃物，等等。如果企业想要降低运营成本，那么可以相对较快地确定目标和找出潜在成本驱动因素。因为在这些方面，大多数组织都有足够的经验和测量方法。而企业文化常常需要改进，但公司通常不知道自己的文化由哪些特征构成以及哪些方面需要改进。

衡量自身企业文化的难点在于，除了正式的企业文化外，还有一些其他方式的文化特征。这些无形的信念或模式是真实存在的，但没有被列入公司的方针中。可以举个例子来区分正式和非正式的文化组成部分，例如管理层认为公司有着公平的绩效文化：做更多事的人，获得更多奖金。然而在普通员工中的情况是：工作结果难以衡量，决定性因素是和上级的关系。

就业和就业能力研究所（Instituts für Beschäftigung und Employability）的一项研究证实了，（顶层）管理者和员工间常常观点相左：对532名参与者的反馈分析表明，管理层对本公司企业文化评级非常好，而人力资源高管和部门负责人显然没有给出这么高的评价。这种有差异的评估强调了，为什么要了解公司文化的实际状态，它是理解员工行为和消除潜在绩效障碍的必要条件。

有不同的测量方式可用于衡量公司当前的企业文化，这些方法涉及不同的分析深度、不同的参与者和不同的研究方法。根据衡量方法，企业文化调查发起人或负责人在不同程度上参与其中。角色范围从具有控制或支持作用的开放角色到隐蔽分析。和企业文化自身一样，衡量企业文化的方法也是多种多样的。在选择时，管理者一定要选择一种最适合您组织现状和资源的方法。在理想情况下，应该选择在出现定期偏差时，能够有相似方法可以替代使用的方法，只有这样管理者才能系统地记录长期变化。

观察是一种源自人种学的调查方法，通过分析员工间的交流、记录会议、旁听与客户的交流，或者参与任何其他与公司相关的日常流程来收集数据。为避免人为因素影响及得到不同视角的意见，观察小组可以由公司外的学者或顾问和公司内部的管理层或员工组成。众所周知，当我们面对陌生人时，会想要表现得特别好。被观察的感觉足以影响我们自身的行为，这种所谓的"实验者效应"（又名"霍桑效应"）在研究中也是被大家所熟知的。在"霍桑效应"中，研究人员想要研究工作条件对员工绩效的影响，他们改变了办公室照明等工作条件，并研究这些是如何影响员工工作能力的。更好的照明条件确实可以提高绩效，然而在光线并未根本改变环境中工作对照组的绩效也有所提高。由于知道自己的行为受到监视，员工们的行为发生了改变。也就是说，如果有外部的观察员来到公司，仅仅是他们的存在就会影响到组织成员的行为发生变化。

为了避免实验者效应，除了使用熟悉的内部人员，还可以使用隐蔽的观察方法。当然要注意符合道德标准：不应该违背职工的意愿来监视他们。在后续阶段汇总得到的数据，确定有意义的主题和文化特点。此外，分析公司文件也可以获得正式披露文化之外的额外信息，其中包括对战略文件、利润表、信息表和简讯的评估。观察到的文化和企业传播的文化间存在的差异可以提供大量信息。

面谈法是一种积极评判文化的方式。调查员根据指导单子的结构化程度和开放性，通过提问在不同程度上指导管理层和员工。采用这种方法需要保证，所挑选的调查员和受访者能够提供尽可能广泛的信息。为此，访调员必须具有相应的资格。此外，为了获得不同的观点，参与者应当来自不同层面的岗位，即来自低、中、高层工作岗位。为了收集到真实可信的数据，在访调员和受访者间建立信任也是必需的。访问得到的回答自然是要保密的。

通过和公司外的相关人员进行访谈，可以获得更广泛的数据。相关人员包括客户、专家、供应商或其他利益相关者。例如，星巴克咖啡连锁店分析了评级平台上的 5 000 多条评论，以了解外部人员是如何看待其企业文化的。

最后一种了解企业文化现状的方式是进行员工问卷调查。针对这个方面有许多专业咨询公司。如果企业员工中有人具备测试设计、问卷设计及评估的基础知识，还可以利用上述有关积极企业文化特点的研究，来开发自己公司的问卷调查。

改变：完善积极企业文化

无论公司文化的现状如何，企业领导仍然可以将企业文化发展为积极的上升螺旋形。然而如何进行改变呢？企业文化的塑造就像是一个阶梯式瀑布传播积极效应的过程。首先，通过有意识的、积极的生活方式来改变自己的习惯，从而塑造企业领导的潜意识。那么，管理风格也会向以员工和同事的优势为导向的激励型转变。由此产生的积极氛围会通过改变团队合作方式，起到影响组织文化的作用。

但即使企业领导的意图是正面的：不是每个人都愿意积极响应文化变革。人们通常喜欢稳定不变，而将变化视作一种威胁，或至少持一种批判的态度。下面我们将阐述变革中会出现的七种典型情绪反应，以及如何用积极的影响来抵消这些情绪。如图 6.1 所示，各个阶段主观感知到的自我能力程度和正面情绪数量不同。

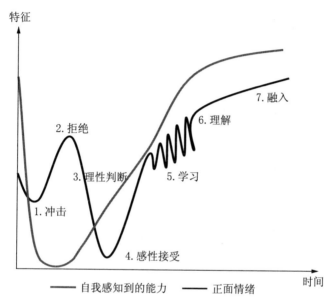

图 6.1 能力感知、正面情绪和七种情绪的变化

冲击：在得知即将进行的企业文化变革后，许多人最初会感到震惊或惊讶。正面情绪急剧减少，自身适应新形势的能力同样下降。企业文化变化给员工们带来了不确定性，在这个阶段要特别注意信息流的透明度。这时候可以利用人们厌恶损失的特点：与获得潜在收益相比，避免损失更能带给人们动力，所以不要过分强调改变带来的好

188

处。这个阶段积极效应开始发挥作用：通过阐明改变企业文化可以阻止那些损益来减少负面情绪，同时产生紧迫感。

拒绝： 一旦确认要进行改革，人们通常有抗拒的感觉。有些员工不愿意接受新的状态，他们试图保持原样。这就是为什么能力认知会微微上升的原因。由于排斥变化，所以这部分员工认为自己现有的能力不一定能够适应新的形势。但组织成员其实很清楚，外部的不理智和内部否定之间存在不一致。因此，对积极情绪的感知程度不断下降。

理性判断： 随着时间的推移，潜意识中的不协调会逐渐体现出来。员工缓慢但持续地理解变革的必要性。一方面，通过理性判断，之前的抗拒逐步消失，所以积极情绪有所回升。另一方面，他们也意识到自己的技能需要进一步提升，因此能力感知持续下降，直到在感性接受阶段达到最低点。

感性接受： 这一阶段员工们知道过去的习惯不能继续保持了。他们开始接受建立新的行为方式和日常习惯。此时作为管理者的任务是，找到有能力完成工作的感觉。实验表明：员工越觉得自己可以掌控或影响当前局势，他们感知到的压力就会越低。例如，你知道很多信号灯按钮是没有实际作用的吗？当你站在人行横道上等待绿灯时，无论你按多少下或多久，等待时间都是一样的。无论你怎么按，信号灯都会自动变换。而这个按钮的作用只是让行人感觉对信号的变换有所影响，使行人更有可能长时间等待红灯结束，这种"虚张声势"的按钮还有电梯里所谓的关门按钮或大型开放式办公室的温度调节器。人们喜欢（感觉上的）控制权，因此您应阐明变化过程中的可能性。但请避免口头上的"虚张声势"：是要找到真正可以做出贡献的机会，而不是欺骗员工。

学习：接下来员工将进入学习阶段。这一时期能力感知和正面情绪均为上升趋势。螺旋上升开始起作用：学习中的成功经历增加了积极情绪，这样一来既放宽了关注幅度，又进一步发展了技术能力，公司一定要在这个阶段提供足够的培训机会。另外，您还应该定期传达有关企业文化变革过程的积极信息，例如企业领导可以和员工们一起庆祝改变过程中第一次立竿见影的成果。现在员工们已经可以接受这些信息了，这是与前几个阶段所不同的。企业领导可以利用纯粹接触效应，这一效应指，外在物体或现状的反复刺激，可以沿着积极的方向改变人们的态度。例如我们常无意识的与同事成为好朋友：这就是因为通过频繁接触，我们适应了彼此且变得越来越相像，而这又增加了我们对彼此的好感。

理解：这一阶段组员开始看到变化带来的好处。学习过程的效果得到充分展现，能力水平显著提高。理解这个阶段的积极情绪，可以联想下那些不得不和伴侣分手的人。经过了前五个阶段，他们最终达到了看到前任伴侣不再脸红的阶段。而分手的好处渐渐显露：也许他们重新找回了旧的爱好、和更合适的人开始新的关系。对企业来说也是一样的，自主的企业文化改变倡议，通过员工们的努力，在这个节点成为了切合实际的事情。

融合：新的行为方式越来越被理所当然地执行，完全融入到日常工作中。上升螺旋效应使正面情绪达到一个新的高度。

总结：速效维生素＋

文化涵盖了一个企业所有的价值观、规范和准则。是否拥有积极的企业文化可以从结构和软性层面上界定，积极的文化可以提高企业绩效。

结构层面：以员工为导向的用人方法，例如所有组织成员具有话语权，活动安排的自由度，平等的合同、薪酬和工作时间安排，工作和生活相平衡以及员工的想法管理举措，透明的信息制度和培训等。

公司官方宣传的企业文化往往与其实际文化不同。可使用不同的方法如观察、文件分析、访谈或问卷调查等了解企业文化现状。

当管理层认真对待员工的情绪反应，并作出适当回应时，文化的变化可以带来积极情绪的螺旋上升。

7

与其他不同：积极的战略发展

"尝试可能不成功，但是这个意图不会错过它的目标"

——法国哲学家、作家，让-雅克·卢梭

迈克尔·波特（Michael E. Porter）认为企业战略是将企业与竞争对手区分开的一系列行动安排，它指管理（顶）层对于实现目标的长期构想。运营管理是要把事情做好，制定战略则是要把事情做对。因此，企业战略是公司在未来能否成功的核心操纵杆。现今有许多关于这个问题的文献：从建议忠告到战略过程的详细描述，再到设计战略研讨会的指导，有关战略部署的各个方面都有各种书籍和文章供人参考。所以看起来似乎从不缺少成功的企业战略——然而实际上其中有 70% 都是失败的，它们没有被运用到实践中，或是不完全地被运用到实践中，又或是仅仅作为表述良好的草稿纸放到了抽屉里。常见的原因是管理层和职工们对改变的抵触、不合适的企业文化或缺乏紧迫感。

在第 6 章中，我们已经讨论过，在企业变化过程中，个体会经历哪些情绪状态，以及如何利用积极影响成功处理这些状况。本章将研究，在战略制定中，如何发挥正能量的作用。为此我们提出了"自主战略"作为传统战略部署方法的替代方案。此外，本章还将讨论行为策略研究的相关发现，它将认知和社会心理学的科学知识应用于公司战略管理。其中心思想是：人们在制定战略的时候不应该是完全理性的；相反，可以受到环境积极或消极的影响。

战略管理的变化：自主战略

近年来，战略制定的过程发生了巨大变化。图 7.1 中比较了当今公司战略和早期公司战略的侧重点。

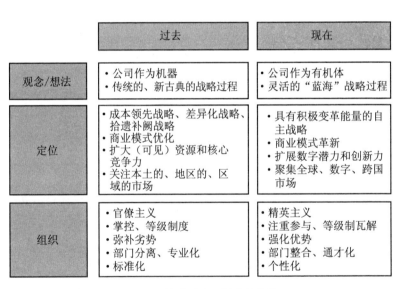

	过去	现在
观念/想法	• 公司作为机器 • 传统的、新古典的战略过程	• 公司作为有机体 • 灵活的"蓝海"战略过程
定位	• 成本领先战略、差异化战略、拾遗补阙战略 • 商业模式优化 • 扩大（可见）资源和核心竞争力 • 关注本土的、地区的、区域的市场	• 具有积极变革能量的自主战略 • 商业模式革新 • 扩展数字潜力和创新力 • 聚集全球、数字、跨国市场
组织	• 官僚主义 • 掌控、等级制度 • 弥补劣势 • 部门分离、专业化 • 标准化	• 精英主义 • 注重参与、等级制瓦解 • 强化优势 • 部门整合、通才化 • 个性化

图 7.1　战略重点：过去和现在

过去，公司的运营就像是一台齿轮相互啮合的机器。员工就是这台机器中可被快速替换的齿轮，人们认为齿轮不如机器本身重要。效率和可计算性是投资决策的原因。如今，像谷歌（Google）这样的互联网公司生产汽车；私人房主也可以通过爱彼迎（Airbnb）这样的平台出租个人住房，成为酒店公司的竞争对手。由此，过去的新古典逻辑在当今市场已经失效了：市场发展的可预测性降低，必须根据"影响标准"进行投资，而不能仅从财务角度考虑。例如，亚马逊（Amazon）的创始人杰夫·贝佐斯（Jeff Bezos）始终认为，企业成长要比利润最大化更为重要。成功之处在于，谁对顾客有影响，谁就会成为顾客生活的一部分。破坏性创新定义的重点不在于创造力的水平，而取决于其在市场中的活动范围和所施加的影响。

企业已经经历了从一成不变的机器到有机体的升级，这也提升了作为有机体细胞、承载所有组织信息员工的重要性。为了能够对复杂、不确定、不清晰的环境状况及时做出反应，敏捷性是当今战略发展的指导性原则。敏捷性是指企业的反应能力、灵活性、速度和适应新环境条件的直接能力。在敏捷战略制定过程中，通过短期会议——通常是半天到两天时间——规划公司可能的发展方向，并确定主次，而不是长期且详细地规划未来目标。为了在讨论中获取多方观点，除了高层管理人员，各工作小组和主题专家的代表也会参与会议。随后，由会议参与者选出的负责人需审查计划的可行性。如果制定的目标通过了审查，就会成为不断更新的公司战略版图中的一部分。下一步则由一个特设项目团队负责公司整体的规划实施。因为定期召开短期战略会议（大约每三个月），所以公司的战略总是适应当前环境的。同时，这种方法还考虑到了战略发展不是一个线性过程，而是分析、阐述和实施平行且相互交织进行的过程。

战略发展的重点是找到"蓝海战略"。蓝海战略是由欧洲工商管理学院的科学家 W. 钱·金（W. Chan Kim）和勒尼·莫博涅（Renée Mauborgne）基于案例研究和实证调查提出的。蓝海战略的目标是，发现除现有红色市场之外的新兴行业，从而躲避竞争。借助商业模式革新来开发新的客户群体，而不是继续开发和优化原有商业模式。在他们的《蓝色海洋战略》（*Der Blaue Ozean als strategie*）一书中，金和莫博涅为从业者提供了各种可以帮助他们系统开发"蓝色"市场的方法。无论公司用哪种方法，都可找出创新的商业模式创意；显然，像出租车服务商优步（Uber）或房屋租赁中介爱彼迎等公司，正是运用了这种商业模式革新扭转了现有的市场逻辑。如此一来，减少了那些仍注重资源积累和核心竞争力发展传统企业的生存机会。

　　过去企业的决策都是基于成本领先战略、差异化战略和拾遗补阙战略，而自主战略则是针对当今由创新驱动的世界所提出的另一种理念。自主有"自信"的含义，是一种积极的变革心态。与传统的商业模式优化法不同，这个理念侧重于不同的商业模式创新。战略制定过程被看作是一个非线性的演化适应过程，这种方法不关注核心能力，而是在最不同的领域尝试一系列新的商业模式。一个商业模式包括对产品或服务体系结构的描述和落实所需的参与者，所以它描述了一个商业理念应该如何运转。通过将已验证过的商业模式改进优化和激进程度不同的创新商业方法相结合，产生了新的组织能量。根据海克·布鲁赫（Heike Bruch）教授的观点，公司可以借助这种力量，经营并且有重点地转移市场。传统的战略发展更倾向于听天由命和适度迟缓，而自主战略方法的目标是通过渐进式和激进式创新的结合，产生创造性的能量。

战略实施的组织原则也发生了变化，从原来的官僚控制体系转变为注重绩效和能力的精英控制原则。发言人的身份不再那么重要，重要的是发言的内容。组织边界消失意味着公司越来越多地和企业外部利益相关者就战略问题合作或协商，不再仅是为了优化自己公司的市场地位，而是要在复杂的、共同协作的战略发展过程中，更全面、更持久地思考。

你肯定会担心，公司高管频繁应对不断增加的挑战是否不太有利。而公司高管有自己的方法：脾气暴躁的管理者试图用渐进的改善建议拯救公司，在召开的战略会议时，人们没有变得富有创造力，而是拓宽关注范围，用新思想感染他人。这种情况与儿童面对似乎无法解决状况时的反应形成鲜明对比。为了说明乐观的学习导向，卡罗尔·德威克（Carol Dweck）教授描述了通过实验研究得出的儿童处理错误的方式。为此，孩子们必须解决各种难题，从简单的挑战到无法解决的难题。科学家原以为，当孩子们犯了错误或是无法解决问题时，他们可能会很镇静或很沮丧，而令她没想到的是：孩子们似乎喜欢挑战！他们并不认为这是"错误"或"失败"，而是把这当作学习的礼物。孩子们相信他们可以改变自己，然后战胜这种困境。这种心态与那种"事物本身就是如此，将来也不会改变"的内心想法形成了鲜明对比。卡罗尔·德威克教授借用这个例子，来说明负有领导责任的人应该注重他们的思维模式。

试着将观点从纯粹的利益导向转变为学习和改善导向。经济上的成功指标固然是重要的，但是如果公司从根本战略方向上就是正确的，那么这些自然水到渠成。

在战略发展过程中，能做些什么来避免对公司的负面看法呢？如何增加组织能量，并把组织生活带入自主战略？除了积极的自我管理（见第 2 章）、积极的启动（见第 3 章）和建设性的沟通（见第 5 章）这些基本准则外，行为战略研究的发现也有助于自主战略发挥积极作用。

由于企业战略有着较高的失败率，这一科学分支拥护者的目标是，围绕对人类的认知、情感和社会行为的现实假设来丰富战略管理。他们认为战略理论是没有用的，因为它忽视了"人员因素"。不论战略是好是坏，都需要分析现状、衡量未来发展、制定可能的发展方向、最终决定未来遵循的战略。对于这里的每一步都有理论、理念和建议指导——然而，管理者并不能总按照指导来做。非线性、多策略的趋势令人生厌，因为我们的大脑喜欢有秩序、清晰、明确的东西。像普通人一样，管理者也会受到一定思维模式、启发学和经验行为的影响，而这些会阻碍管理者理性决策。企业领导需要在这一点上使用积极影响！通过企业领导自信和深思熟虑后的行为，企业领导可以防止不合理的决策，并将其向切合实际的方向推动。还可以通过传播乐观主义，防止管理团队压力过大——这压力不利于做出良好决策。

行为战略研究可以分为涉及人类不同行为水平的三种流派。

1. 还原论者关注个人和团队的决策、启发法和错误感受。他们的基本假设是，公司决策是由高层管理人员或高层管理团队做出的。产生错误的原因是战略决策依赖主观偏好的结果。

2. 多元论者注重不同群体间的谈判、政治谋略、冲突解决、组织学习和资源分配。他们的方针思想是，企业是由各个有着相互矛盾的目标和观点的子团体组成，通过谈判和解决这些团体之间的分歧来制定战略。为了做出正确的决定，必须理解各个（子）团体及其在公司中的利益，并以建设性的方式将它们整合。

3. 语境主义者则侧重于战略管理的分析，考虑到公司使用的语言、有形或无形的信仰和意识形态、标志以及企业文化。这一流派的支持者认为，组织及其环境是由社会构造的。因此，决策和行动是互不相关的；组织成员的主要任务是努力创造意义，并与主观感知到的企业目标相适应（"感官"过程）。为了制定切实可行的战略规划，必须认清无形的企业文化和企业中隐藏的信条，并在决策过程中加以考虑或改变。

这三种流派的观点都有助于做出可持续的战略决策。从还原论的角度来看，在做战略决策时，应避免群体思维。从多元论的角度来看，组织也是一个政治舞台。在看似客观的决策和实施过程中，这两种方法都能使人们意识到人类的非理性。这样的好处是，您可以通过相应的心态引出您同事和员工最好的一面。回想一下第 2 章自我管理的内容：不要急于作出战略决策。遵循那句座右铭"赶得话就慢慢来"，运用正念，并带动决策团队的其他成员。

避免群体思维

战略咨询公司麦肯锡组织的调查显示，在参与项目的 2 270 名管理者中，12% 的管理者对他们公司作出的战略决策质量持批判态度：他们认为很好的策略是非常少有的。另有 60% 的受访者表示，好和坏的战略决策基本数量基本持平。仅有 28% 的公司代表认为自己公司的战略决策普遍较好。在决策过程中，成功的战略决策和失败的战略决策有什么不同呢？除了影响甚微的生产和环境因素外，研究人员发现决策是否成功首先取决于决策过程的质量。分析过程也并非不重要：没有一个完善的数据库就没有一个好的决策。因此，高质量的分析是必要的，但这对于一个成功的决策管理还是远远不够的。但是为什么一些汇集了高水平管理者的团队在决策中表现不佳——甚至比每个人单独做决定还要糟糕呢?

这种团体不利于决策的现象也出现在团体思维方面的研究中,它指社会群体成员为了追求群体和谐,使自己的观点与团体观点相一致,从而作出不合理或客观不可理解的决策。这个现象的常见例子是猪湾入侵失败事件。1961 年,美国总统约翰·肯尼迪(John F. Kennedy)下属的一个中央情报局(CIA)小组,在古巴危机后,计划协助逃亡的古巴人推翻菲德尔·卡斯特罗(Fidel Castro)领导的古巴革命政府。这个不成熟的计划是由一个经验丰富的小型封闭专业团队制定和实施的。事件的结果是 1961 年 4 月 17 日,约 1 300 名流亡的古巴人袭击了猪湾,而与他们对峙的是约 2 万名古巴士兵。最终导致入侵军中的 1 000 多人被俘,美国政府的参与也无法继续隐瞒。那么这样一个可预见的灾难是如何制定出来,且认为它大有胜算呢?

科学家伯特拉·拉文(Bertram Raven)将猪湾入侵作为群体思维现象的一个典型事例:在评估其他可能性之前,一个独立决策的团体就作出决定。典型特征是团队过度自信、集体合理化、趋同心理（在没有明确讨论的情况下，遵循别人的意见）以及团队成员强烈的同质性。

猪湾事件说明了自主独立团体动态的危险。在（战略）会议中，你可能已经亲身感受过团体思维现象：与会者有某些"专家"，他们有点疲惫或是热情的自大狂——总能比在其他不包含那么多感情的会议中更快地作出决策。另外高层管理者倾向于熟悉的东西；当战略发展前途可期的时候，这就是一个危险的趋势。

怎样能避免群体思维呢？在分配决策团队角色时，使用第 1 章中提到的不同管理类型创造价值时的修改形式。决策团队中共有四种角色类型：

1."能力者"的重点是处理决策中的数字、数据和事实。他代表了战略制定、渐进式创新和核心竞争力发展的传统方法。他可以向企业内部或外部的专家咨询意见，或是邀请他们作为讲师参与会议，他的任务是确保审查所有有前景的战略可能。

2."梦想家"代表着完全乐观的一类人。他们追求颠覆性的创新、激进的文化突破和不寻常的想法。可以从初创公司、博客作者、激进思想家、人类学家或哲学家等他们想要邀请参与会议的人那里得到灵感。他们的想象力是没有界限的；越有创造性越好！

3."价值创造者"的思维方式介于能力者和梦想家之间。他们深入研究自主战略的基本原则，力求在颠覆性创新和渐进式创新间取得平衡。他的任务是检验战略现实和未来的可行性。如果这类角色能够较好地发挥作用，那么在决策过程结束时，将会得到既有传统商业模式又有实验性的战略思想。

4."批判者"更倾向于悲观的表述。他能找出每种提议中的缺点；批判力是他的核心竞争力。他的角色与团队苏格拉底角色类似（参见第5章）：通过不断询问来揭示方案的缺点，从而改进提出的解决方案。

组织当作政治平台

在战略决策中，每一个高层管理人员都代表着他们个人的利益。以卡内基·梅隆大学命名的、由理查德·M. 西尔特（Richard M. Cyert）和詹姆斯·马奇（James G. March）两位科学家提出的卡内基模型正是基于这些假设：管理人员获得信息的渠道有限，不能够完全理性地处理事务，并且他们通过决策会影响到下属小组的成员。因此，公司战略是政治谈判的结果，也是组织内部各流派许多小决策的结果。

将这些（潜意识的）政治斗争在战略会议中透明化，由此可以使它们转变为正能量。例如，可以在确定了各种策略备选项后，将与会者分组，分配到不同的房间。可以分出他们的政治派别吗？怎么称呼这些下属小组呢？此时各个"政治流派"正在筹备他们的竞选：每个小组都可以为自己的立场陈述三分钟，并以书面形式确定核心论据。接下来短暂地从实质性争论中脱离出来，稍作休息，可以借助有趣的视频片段为会议增些乐趣。

下一步应脱离战略内容，与团队讨论认知扭曲的影响：目前团队是否倾向于过度行动主义（首要的是，我们做点什么）？部分子小组有黑白思维的倾向吗？过去的方法是否优于目前的解决方案？组织在恶性循环中迷失了吗？团队成员的意见是否过于统一？从线上和线下的避免认知扭曲意见清单中获得灵感。主要是从这些角度评估各个小组的观点，然后再作最终决策！

总结：速效维生素＋

企业战略＝长期目标／将其与其他公司区分开的一系列行动。

约有70%的战略发展是失败的。主要原因是：没有充分考虑到人员因素。

战略管理正经历着从传统的线性战略发展到敏捷战略发展的巨大变化。通过平衡渐进式和激进式的商业模式，自主战略产生积极的变革能量。

行为战略研究将认知心理学和社会心理学的研究结果运用于战略管理，以制定和实施可实现的战略。

团体思维指团队成员根据团队的意见而调整自己的意见，从而作出错误的决断。角色分配可以有效针对这种倾向。

根据卡内基模型，组织是一个政治舞台，在这个舞台上，在受到组织子团体影响的情况下，管理者依靠有限的信息和一定的理智做出决策。为了能够作出正确的决策，必须将"政治舞台"透明化，并且对其进行扭曲测试。

和人一样，团队和组织也有其个性特征。把公司发展为一个独具魅力的企业！

8

转变固有想法：三个月内树立新的企业形象

"经常变换视角才能看得更加清楚。"

——安东尼·德·圣-埃克苏佩里，法国作家

积极的企业文化会让员工和领导感到舒适愉悦，并且最终会有利于企业获得成功（参见第6章）。如果你已经在公司中针对企业文化进行了内部改革，以更好地发挥正能量的作用，恭喜你！那么，如何从表面上感知到这种积极的变化呢？你可能在公司内已经建立了一种积极的交流文化，员工相互支持以发展自身的优势，然而，公司以外

的人仍然认为你是一个无聊而且不友好的官僚。如果所处的环境（包括客户）主观并不想去了解这些变化，如何去改变市场对企业形象的看法呢？本章将通过案例来说明与你所面临相同挑战其他公司的不同处理方式。

据估计，我们每天会收到多达 1 万条广告信息。那么，在这样信息超载的情况下，公司的广告、企业本身以及产品如何脱颖而出呢？在第 2 章中，我们已经讨论了，潜意识在自我管理中的巨大力量。当然，这种下意识的行为方式给公司带来的影响可能是正面的，也有可能是负面的：有高达 95% 的（采购）决策是在没有深思熟虑的情况下作出的。尽管如此，仍然有大量的市场营销方法建立在理性人假设的基础之上。这就是为什么销售渠道不起作用以及宣传达不到预期的效果，以至于仅仅在短期内收效很好，或者适得其反。为了改变以及树立一个积极的公司形象，管理者必须触及并充分利用客户的潜意识。

营销冲动，对公司在市场上的重新定位、企业内部文化变革的对外交流，或者（重新）推出产品是很有帮助的。在这里，我们不提供具体的销售策略或者定价模式，关于这些主题的文献在市面上绰绰有余。由于客户的需求、要求以及兴趣在不断地变化，我们无法提供一个精确到每一步应当如何做的指导。我们将要讨论的是，对于改变企业形象来说至关重要的一个方面：观点或模式的改变。这种变化的中心思想是：用崭新的、积极的思想取代陈旧的、消极的思想。

企业所处的市场环境和广告环境时刻都在发生变化，今天最新的潮流到了明天就已经过时了。同时，客户对于服务的要求也越来越高，普通的产品销售已经无法满足当今时代的需求了。在销售过程中，客户不仅需要产品或服务，还需要全面的个性化客户体验，即市场营销术语——"客户体验"。

客户希望的是，在进行商业交易中，你们能够提供大量建议、快速解决问题以及拥有高质量产品。如果客户不满意则会更换供应商，一项消费调查在调查了2.3万名消费者后发现，超过半数的人由于对上一年服务的不满意而更换了供应商。对比不同国家，我们发现德国消费者的要求尤其高。然而，德国消费者也愿意为了优质的服务付出更多的钱。你可以把这种要求剧增和市场加速看作一个机会，在一个从没有听说过你公司的客户面前，为公司树立一个全新而积极的形象。

对于你如何通过惊喜效果和幽默来引入视角变化，本章将提供不同的企业案例供参考。同时，我们要提醒的是，不要盲目采纳最佳范例，即使咨询公司极力向你推荐该范例：你必须要找到一条属于自己的路！我们的案例会给你提供冲动，并且阐述对于积极的视角变化中企业沟通的基本原则。沟通专家卢克·沙利文（Luke Sullivan）非常生动地指出，创意过程是无法计划的：

"创意过程就像给猪洗澡，杂乱无章。没有明确的开始、中间或者结束。当你完成之后，你也不能确定，猪是否真的洗干净了，或者你为什么会想到要洗猪，这会让你感到非常烦躁。"

营销就像你拿着一根蜡烛穿过一片黑暗的空间、寻找正确道路的过程。对于方向，你必须有一个粗略的想法，加上些许运气，你就会走上正确的道路。在黑暗的房间中，为了在其他竞争者中存活以及脱颖而出，你往往需要选择非常规的方法。这也就是说，不要总是模仿竞争者的广告宣传，而要敢于实现自己的想法。即使你的宣传方式没有达到预期效果，也不要放弃。如果你在短时间内就轻易放弃失败的项目，就会产生沉没成本效应。因此对于失败的项目，我们也要坚持下去，因为我们已经投入了很多的时间、金钱或者其他的资源。你需要利用从中已经获得的经验并且继续做下去。记住温斯顿·丘吉尔的一句话："成功意味着，跌倒了就再次爬起来。"

企业及产品形象改变：三要素

要想改变你的企业形象，无论是你的雇主形象、企业内部文化，或是你的产品，以下步骤的过程都是很有价值的（参见图8.1）。

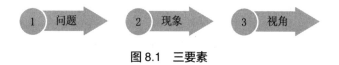

图8.1 三要素

首先，你需要正确判断并且说出你们所面临的问题或者挑战。虽然数字、数据和事实发挥着很重要的作用，但是不要被大数据炒作所迷惑。拥有过多信息的人很难看到当前的重要问题。只有当你能够清楚地判断并且描述公司所面临的困难，你才能够对其提出正确的问题。

第二步，你要看到现象背后的问题。把自己放在一个抽象的层面上，从不同的角度上观察你所面临的挑战，例如从现有或潜在的客户或者竞争对手，你的想象可以是无限的。最主要的是，从另外一个角度来观察问题，并且从中发现其他人在处理企业或者产品问题时使用的模式。这个步骤叫作意会，即你从不同的信息中提取出其中的意义或者重要联系。

最后，在第三步中，你就会产生一个新的视角，来调整你的广告、产品以及公告。根据本章的标题和第 2 章中对不断变化习惯的解释，你可以在三个月内完成从旧企业形象向新形象的转变。其中需要假设，要将这种视角的变化尽可能久地保持在客户的头脑中，直到其形成一种新的习惯。适合与针对视角变化的交流营销手段，都是以正能量的基本原则为基础的。因此，我们在展示最佳案例时，也说明了如何利用积极情绪的力量来改变消费者的态度。

在本章接下来的部分中，我们将基于四个案例来说明，当你改变你自己和客户的视角时，你会得到什么。你的企业或者产品的形象不能成为无关紧要的信息，在出现之后立即被点出或者直接无视。相反，你必须能够引发他人的预想、思考或者反对意见，并且提供别人会愿意与他人分享的话题。你需要确保公司的外部形象能够让你自己、你的员工、领导以及客户感到愉悦和满意。打起精神来为你公司环境实施积极的变化吧！

案例 1：转变固有想法（欧宝股份公司）

客户消费的并不是产品，而是产品背后的理念，即一种生活方式、一种感觉或者购买意义。例如，在购买一辆汽车时，汽车最主要的用途驾驶，往往这不能不是你考虑的最重要因素。其客观特点只会在很小的程度上影响你的购买决策。相反，你的大脑常常会把各种品质不同（例如名贵的）的汽车联系起来，从而会产生特定的精神理念（例如奢侈品）。对于公司所有者来说，如果你的品牌与符合公司价值的积极属性相关，则这种联系往往是有利的。

① 问题 如果你的公司被认为不可靠，或者并不"新潮"，那么这种机制可能会起到相反的作用。汽车制造商就面临这样的问题。许多消费者认为欧宝的产品有"质量缺陷""便宜"或者"缺乏独特性"（"每个酒鬼都驾驶欧宝"）等特点。结果就是，消费高的消费者对该品牌就失去了兴趣，即使是那些已经购买过欧宝的消费者，在收入上涨的时候，也倾向于购买其他汽车品牌。连续多年欧宝都在失去其市场份额，公司面临的经济压力越来越大。

② 现象 欧宝的经理们大概能比较清楚地概括出这个问题：失去市场份额是负面形象造成的，然而，承认这个事情是非常需要勇气的。管理层最先面对的企业内部问题是，通用汽车

总部（美国）和欧宝总部（德国）之间的协调有待改进。因此，也就产生了一个新的口号："一起工作，而不是相互攻击"。汽车制造侧重于质量提升以及新产品功能。然而，尽管新产品功能被广泛运用，销售额却没有明显提升。因此，管理层就面临着这样的问题："我们如何才能够改变不利的公司形象呢？"

对于欧宝的营销经理来说，下一步就是要从不同的角度来阐明这个问题：目标群体代表了怎样的价值？哪种现象会让消费者停止购买？为了以非常规的方式得到针对这些问题的答案，欧宝的管理层聘请了非该行业的营销专家蒂娜·缪勒（Tina Müller）。她带来了化妆品行业的经验并且建议，不要间接地规避问题，而是直接解决问题。就算是消费者看到了经典的汽车广告，即令人赏心悦目的车、人以及驾驶镜头，欧宝品牌仍然会给消费者带来潜意识的消极联想。那么，为什么不直接公开负面的形象，来解决这种负面的精神联系呢？从更加普遍的层面来看，这种现象背后的问题是，我们每个人都有偏见，这对我们如何看世界产生影响。其实这些偏见往往与事实不符，但是我们又很少去检验事实。

3 视角 基于对这种现象的描述，首先产生了一种想法，利用发现自己偏见产生的惊喜效果来重新定位品牌。首先，欧宝推出了印有匿名宣言的海报，如"同性恋不能踢足球，除非他是德国冠军"，或者"68% 的男人都认为红头发的女人更加性感，然而 90% 的男人都不认识拥有红头发的女人"这些海报以含蓄而聪明的方式驳斥了偏见，人们在之后就将这些海报与欧宝联系在了一起。除了这些海报，欧宝还请了尤尔根·克洛普（Jürgen Klopp）来拍摄广告宣传，他是一位拥有真实个性、性格并不圆滑的足球教练。在宣传片中，飞机上的一位空姐在商务舱和经济舱之间捡到了一个欧宝汽车的钥匙，她自然地就转向了经济舱询问这是谁的钥匙。这样，欧宝就把自己置于了一种和"廉价形象"联系起来的挑战中。片中，在商务舱中的尤尔根·克洛普说钥匙是他的，并且表示自己为拥有欧宝而感到骄傲。空姐和其他乘客都明显表现出了惊讶。"名人、富人以

及潮人也驾驶欧宝"的理念应当促进思维方式从旧到新的
转变。

海报和宣传片为之后一系列的推广措施奠定了基础，旨在向消费
者指出偏见造成的视角扭曲所带来的基本现象。通过各种社交媒体渠
道，欧宝邀请了一些名人和普通人来试驾欧宝的不同车型，并且指出
其优点和缺点。这个活动的目的在于，让欧宝能有机会了解自己是否
仍是消费者所想象的那样。其标题"转变固有想法"在社交媒体上
迅速传播，并且效果非常持久：欧宝持续下滑的业绩开始强烈上涨。
仅在欧洲，其 2016 年上半年的税利前收入就已经达到了 1.9 亿欧元。
同时，欧宝也没有忘记，通过改变企业内部形象作为回馈：企业内部
沟通主要是积极的信息，在销售额大增之后，每个员工都收到了印有
"We made it"的 T 恤。

欧宝使用了正能量最纯粹的形式：用全新的、积极的理念去取代
客户原有陈旧的想法，外部以及内部的文化转变齐头并进。

案例 2：Supergeil（Edeka 集团）

1 问题 许多（年轻）人认为，Edeka 超市是"边边角角、老旧且不新潮的"。那么，如何改变（年轻）消费者的观念，让他们相信，很久之前，在 Edeka 购物就已经和陈旧古怪的商店不同了呢？Edeka 公司将这个问题看作它们不受下一代欢迎的核心问题。在 20—39 岁的目标群体中，Edeka 所占的零售业市场份额远远低于其竞争对手，例如 Rewe。年轻的消费者认为，典型的 Edeka 购物者会是有着大胡子，穿着白色长衫，口袋里有一支圆珠笔的老年人。这种形象也的确在现实中有所反映：Edeka 超过 60% 的顾客都超过了 40 岁。

2 现象 Edeka 的经理们认识到了这种问题表明的现象：年轻消费者正在逐渐转向网上购物，这对其他零售商同样也具有危险性。对他们来说，在食品零售店购物不再是一种体验，他们更喜欢网上订购。一项针对 3 万名消费者的研究表明，在全世界 35 岁以下的人中，平均 30% 的人在网上购物，还有 60% 的人考虑进行网购。那么，为什么不放弃经典的电视或者广播广告策略，而更多的使用社交网络进行沟通呢？此外，还可以加上一首在目标群体中非常流行的歌曲。

3 视角 为了实现目标，Edeka 董事会寻求广告公司 Jung von Matt 的支持。针对年轻人的宣传方式自然而然就产生了：该广告公司的员工听到了在网上广泛传唱的歌曲《Supergeil》，歌手是弗雷德里希·列支敦士登（Friedrich Liechtenstein）。他们便萌生了改变歌曲内容以适应 Edeka 产品的想法，在与 Edeka 公司负责人讨论文本和图片之后，广告公司为其制作了广告片"Supergeil"并且提交给 Edeka 的管理者。这种宣传形式在食品零售行业还并不多见，其造成的影响是有一定风险的。互联网用户愤怒、难以控制的反应，即所谓的网怒，现在并不少见。然而，负责人的担心很快就烟消云散了，他们的广告片在一夜之间获得了 25 万次点击量并且引起网友热议。

"Supergeil"广告片在网络上被疯狂转载。不仅是消费者对此反应热烈，Edeka 的员工也对这样的积极回应感到高兴。这个广告片被认为是响亮、刺耳以及挑衅的，因此与 Edeka 公司之前的广告策略截然不同。就像欧宝公司的"转变固有想法"宣传一样，Edeka 也带来了惊喜的效果：幽默感、意想不到的转折，以及自我讽刺都要求转变思维方式。

根据品牌指数，Edeka 实现了接近年轻的潜在买家的目标。一方面，根据品牌指数，30 岁以下的人里每两个人中就有一个人最近看过 Edeka 的广告片；另一方面，在 30 岁以下月净收入超过 1 500 欧元的人中，有购买意愿的人数从 37% 上升到了 47%，这广告片也为 Edeka 公司带来巨大的经济效益。

案例 3：颅内高潮（Hornbach 建材超市股份公司）

① 问题 近年来，建材市场并不景气：在价格竞争和营销压力的推动之下，大多数的建材超市都在为生存努力。最早是在

Praktiker 连锁公司申请破产时，行业形势就明显变得严峻了。Praktiker 是因其广告语"除宠物食品外所有东西都是打八折"，直至破产前，该公司占有排名第三的市场份额。早在 2010 年时，专家就预测，如果不重新定位自己，那么只有少数建材连锁超市能在 2015 年坚持下去。位置和成本优化、产能过剩以及客户服务缺乏是该行业的特征，其唯一的目标是在价格上保持领先地位。

2 现象 Hornbach 的经理们意识到，折扣的竞争对于把它们和其他建材超市区分开来并没有什么作用。那么，习惯了打折的客户如何才能转向购买优质的产品呢？一个很少拥有积极情绪的建材超市怎样才能和情绪化的内容联系起来呢？在一个拥有超过 10 万件商品，品种齐全的建材店里，顾客缺的是什么？Hornbach 的管理层从客户的角度出发并且指出：对于家装工人来说，装修所需的东西完全是次要的。

3 视角 Hornbach 管理层决定，重新考虑其价格政策以应对挑战，并且以家装工人的自豪感作为交流措施的出发点。原本是通过对建材产品的不同消费理由来定义目标群体，Hornbach 超市决定放弃与产品相关的广告和宣传册，重点应当放在自己建造东西的人身上，无论他们是建一栋房屋、在花园里打一个洞还是修建一个新的游泳池。Hornbach 超市想让这些客户知道，公司可以为他们的项目提供关于材料的想法和工具支持，以及 Hornbach 建材超市最终关于项目的实施。最重要的是，客户应当给予公司情感上的理解：Hornbach 超市把每一位客户的项目都看得很重要，并且努力去让这些项目成为现实。实施项目的每一种方法都是符合 Hornbach 超市的企业哲学：用自己的双手去创造，那么每一个项目都能够得以实现。

Hornbach 的宣传片用唱出"Yippiejaja-yippie-yippie-yeah"的方式展示了其公司的座右铭"总有一些事情要做"，并且阐述了人需要对自己项目表达自己的看法。我们可以通过自我表达和数字化技术来回忆，我们生活是多么的美好、简单以及真实。以 Hornbach 超市 2016 年春季的宣传片为例：一个肥胖的男人在地上打稿（镜头切换），他全身赤裸地跳过一个陡峭的悬崖，在山上滑落（镜头切换），这个男人十分高兴地站在一个小花园的坑里进行动工仪式。在视频结束之前，屏幕上出现了这样一句话："你还活着，你还记得吗？现在，就在这里，去感受你的生命吧！"其传达的主要信息是：你的项目、你的生活态度，最主要的是你能从中获得快乐。由于采用了特殊的录音技术，宣传片的声音非常逼真，使得观者能够有一种身临其境的感觉。宣传片的制作人希望通过这样的方式来创造一种"颅内高潮"。

Hornbach 超市另一个关于情感传递的案例，是一个拥有 500 万点击量的广告片"用你的项目说话"。在片中，一个穿着黑色哥特风风格衣服的女生，在日常生活中承受了各种批评的眼光。她想让自己看起来不一样，但是没有人同意她这种做法。每个人都看着她、狗对着她叫、鸟也飞走了。有一天，她像往常一样低着头看着地面回到家中，当她走进花园的大门时，她的手上出现了用黑色画的篱笆。当她向上看时，发现她的父亲正在粉刷房子：整个房子都是黑色的！她的脸上露出了一丝感动的笑容，她的父亲用一个不同寻常的方式表达了自己对女儿的爱。这个广告片表现了同情，并且将装修工与情感联系了起来，这是行业的一个革新。

视角的转变，使得 Hornbach 通过幽默和讽刺的广告改变了这个行业枯燥无味的固有形象。在 2015—2016 财政年度末，Hornbach 的销售额稳步增长至 37.6 亿元，这说明了该行业的竞争正在从价格竞争逐步转变至积极的情感营销。自 2010 年起，Hornbach 的客户数量持续增长，而德国建材行业领先者 Obi 公司的客户数量却在下降。

案例 4：无酒精啤酒 (Erdinger Weißbräu)

①问题 近年来，德国的啤酒销量有所减少。在过去的 30 年中，德国每年每人的啤酒消费量几乎减少了三分之一。造成这种现象的原因是多种多样的：社会老龄化、喝酒减少，啤酒混合饮料的广泛传播，例如加柠檬的啤酒，理性健康的生活方式。专家一致认为，啤酒的销量还会持续下降。

② 现象 Erdinger Weißbräu 的管理层意识到了行业的不景气。无酒精啤酒看起来似乎是一个抵御销量下滑的一种方式，但是这种饮料在过去并不受德国人欢迎。如果在广告中宣传无酒精饮料的好处，即对于驾驶员或者孕妇来说，它是啤酒实用并且健康的替代品，似乎并没吸引那么多的消费者。然而，许多生产商反驳道，无酒精啤酒的味道不好，这对改善行业形象并没有多大作用。尽管当今社会中，重视营养和健康的生活方式越来越流行，但是这并不适合无酒精啤酒行业。

作为毫无特色戒酒的权宜之计，无酒精饮料如何才能转变成一个能让人有积极的情感联系的饮料呢？

③ 视角 Erdinger Weißbräu 仔细研究了潜在的买家：下班后的人（男人多于女人）和运动之后喝一小罐啤酒的人。运动之后？公司在这个方面有了一个灵感：为什么不邀请著名的运动员来提升无酒精啤酒的形象呢？这个总部在巴伐利亚

的啤酒厂巨头，不再将重心放在酒精含量不足上，而重点关注成分和积极影响。通过科学研究，人们知道了无酒精啤酒的等渗效应。这对运动员来说是非常重要的，通过这样的饮料，他们体内需要的流质可以得到有效补充，因为这种饮料中，营养物质和流质的比例刚好符合人体血液的比例。该公司决定以有针对性的方法来面向这一目标群体，在例如跑步、骑车或者铁人三项之类的体育比赛结束之后，在终点线出递给运动员。Erdinger 的管理者希望通过这样的方式，与运动员进行直接的交流，并且想用产品来让运动员信任他们的产品。同时，公司赞助了许多（专业）运动员，并且每年在超过 400 个体育比赛中进行宣传活动。除此之外该公司还购买了体育杂志版面，在电视上播放宣传片或者广告。

Erdinger 公司的重新定位政策得到了回报，当前，Erdingers 是无酒精小麦啤酒的市场领导者。其广告符合了目标群体的要求，即那些在空余时间运动或者从事竞技运动的人。同时，消费者也不再将劣势或无聊与这种饮料联系在一起，而会更多地想到取得成就和男子气概。这种视角的转变为整个啤酒行业在无酒精领域带来了突破，无酒精饮料的市场销售额不断增长，与"正常啤酒"的销售情况形成鲜明对比。

用正能量改变公司形象

以上四个企业重新定位成功的案例有什么共同之处呢？欧宝公司通过创建一个注重质量的企业形象来替代了"欧宝汽车是穷人开的车"的偏见，即转变固有想法，欧宝汽车并不是有的人想象的那样不好；Edeka 想要脱离固有的过时、老式的印象，并且呈现一个更加年轻、时尚的企业形象；食品零售商也可以很"Supergeil"；Hornbach 建材连锁超市将重心放在情感和家装工人的自豪感上，而不是关注价格战和廉价抛售；Yippiejaja-yippie-yippie-yeah! Erdinger Weißbräu 强调无酒精啤酒的积极作用，而不是这种啤酒没有酒精；这种饮料可以让你在运动中恢复活力。

以上提到的最佳案例都是依靠了传播正能量的作用，而其对于促进销售增长的作用已经得到了科学研究的充分证明。积极的广告信息也能够产生积极情绪的上升螺旋。我们关注的范围拓宽了，我们感觉更好并且更加相信别人（以及相信品牌或公司）。另外，案例1到案例3中都使用了幽默。事实证明，有趣的广告信息更容易被人记住，并且会让人产生购买的想法。这种效果看起来似乎需要很长时间才能实现，你客户可能不会立即相信你的新企业形象，但是只要你一直坚持下去，那么幽默的广告信息就会带来客户行为的变化。Erdinger Weißbräu 的案例清楚地说明了，只有产品整体包装的质量得到了保证，突出其某些特征才是有效的：除了等渗效应以外，其味道必须能够服人，这样广告宣传才是有用的。你所展示的信息必须是真实的，你的广告中展示的东西必须是公司确实有的东西。

我们介绍的这些案例最重要的特征是，我们在开头提到过的积极的视野。这不仅需要分析客户大数据以及销售渠道，企业还必须要清楚，缺失了什么数据、客户的需求缺口是什么，以及企业是在什么方面被误解了。如果你已经完成了企业内部向积极文化的转变，那么你的目标就应当是，向外界展示这种积极的转变。对于很多事物和常识来说，往往需要的仅仅是视角转化，这种研究人类生活世界的方法被称为现象学。你可以调查企业所处商业环境更深层次的主题、信念以及动机，并且在接下来用全新的、积极的形象来取代以往与企业有关的负面联系。

总结：速效维生素＋

● 企业的外部沟通是以正能量的基本原则为基础，通过幽默让别人产生积极的感觉会让他们更加关注品牌，并且有更高的购买欲。

● 无论你是想要将企业内部的文化向积极文化转变并且向外界展示、以重新定位你的公司，还是准备重新推出你的产品：最重要的是，你必须将企业所处的环境带入一种积极的视角或者模式的改变中。

• 为了成功地进行变革，你需要遵循三要素：判断问题、转化现象以及转变视野。

• 首先要根据数字、数据以及事实来分析企业所面对的问题：你的企业应该是什么样的？

• 其次，需要寻找其背后体现出来的现象。你需要从不同的角度去寻找问题背后的根本原因。

• 最后，你会有一个新的视角，利用这个视角你可以更好地进行企业沟通。

9

积极的使命：开启管理革命

"改变的秘诀是集中你的所有能力，不是摧毁旧的，而是建造新的。"

——苏格拉底，古希腊哲学家

还记得那个关于利率的引言示例吗？如果你今天将钱存放到银行，由于利率太低，资产只会非常缓慢地增加。这也是大多数公司的基本原则：通过在未来渐进式的改善，以适中的速度在不同的等级结构层面上进行投资。

在前面的章节中，我们已经了解了一种截然不同的管理方法，这种方法更为激进，可以将公司成果成倍提高。正能量原则的基本假设是：积极的态度、情绪和行为，将自己和他人的行为向着创造更多价值的方向改变。从人体工程学到医学，再到心理学，这样的现象可以在所有学科中找到。

我们相信，这种积极、以优势为导向的管理方法将取代之前的激进、以统一性为导向的方法。在科学方面，积极心理学的理论数量正在稳步增加。好的理论可以帮助我们理解世界，并有建设性地去塑造世界。各个大学通过其出版物和教学来传播这些理论。

管理的积极变革也使得越来越多处于领导地位的人愿意了解自己的性格。改进后的自我管理，例如乐观的态度或正念等方面，不仅可以保护我们自己，还会对我们的周围环境产生积极影响。我们变得更加平和、有计划、友善，我们之中会有越来越多的人成为受人喜爱且能激发出最高绩效的人。

通过结合带有正能量的管理方法（PLUS 领导力理念、工作投入模式 IMPULS 模型和积极的团队指导）会产生革命性的运动。从各个团队"自上而下"的合作方式到企业文化，乃至整个公司的形象都会慢慢地，但可以确定地发生改变。

想要将积极效应发展为超越"好心情大师"的可持续管理方式，就要记住本书中阐述的基本观点。我们以管理的三个结论来总结这本书中作为重新思考出发点的积极效应。

1. 正能量可以通过乐观的态度和行动，为自己和（企业）环境创造增值的变化。但这并不意味着不会产生消极的事件，也不代表我们应该美化消极事件。重点不在于发生了什么，而在于我们会如何处理它。

危机是每个人和每个企业生活的一部分。我们的日常生活中充满了烦人的经历和令人不快的处境。运用积极效应并不是减少这种事件发生的可能性。正如引言中苏格拉底所言，成功的秘诀在于接受负面的事情，并把自己的能量集中于创造积极的经历。但是，不要强迫自己忍受愤怒的情绪——这种压迫会让人生病。关键在于找出对策：

尝试创造比消极经历多三倍的积极体验（参见第 2 章）。保持一个新的习惯三个月，并以这种方式建立一个例行日程。每天花三分钟时间，专注于对积极事件的思考。在日常工作中，与团队和同事使用积极的礼仪。随之而来的副作用是，几乎不会出现大概率的消极情况——但这并不是需要关注的焦点。

不管做什么：设定自己的目标，增加积极情况或提高有关注意力。我们已经知道大脑总是依赖于过去的结构，并且偏爱不良导向，所以必须为自己创造尽可能多的记忆。无论你是将一枚硬币从一个口袋放入另一个口袋，还是写一篇幸运日记，或是在手机应用程序中记录下来。请让每一次的积极经历都以有形的方式保留下来。

"外部压力"可以起到更好的作用。例如，每晚和你的伴侣或好友互相向对方讲述今天的三个积极经历。正能量的重点不在于如何避免消极，而在于如何创造积极的东西。

2. 正能量作用方式的核心是积极启动原则，你可以没有足够的时间来陪伴自己和他人取得成功，但是必须启动！

人和组织的行为无法在一夜之间改变。相反，它是许多导致长期变化小刺激的总和。因此，启动原则对于正能量的展开至关重要。通过启动行为，使员工、同事和客户对积极的行为方式有所准备。借助简短的话语或小手势，可以将下列行为向积极方向推动。最好能经常这样做！

积极启动和工作中广泛运用的劣势导向形成鲜明对比。迄今为止，管理者一直在强调，企业如何能够在一些（负面）情况下（如多样性增加、竞争环境发生变化）取得成功。在许多公司中，如何处理偏见也是一个问题：某些群体（年轻人、女性、外国人、持不同见解的人）更常被认为效率低下。无论是开玩笑，还是认真来说，可能每个人都有过刻板印象。这些负面信息起初可能并不显眼，但是它们对我们绩效有决定性的影响。

积极效应的管理目标是在尽可能多的地方建立积极启动，例如，领导们的行为、高层管理人员的信息、员工的开机显示屏或公司的形象手册。广告和营销的案例可以作为灵感的源泉：这里有大量关于如何通过细小、潜意识的刺激来创造良好感觉的案例。这些信息必须是真实可信的，你可以将员工的潜意识慢慢地、稳步地引向积极意识占主导的方向。那么对积极事物的关注也会增加动力、提高脑力效率、扩大注意力范围，从而引发积极情绪的螺旋上升。

3. 积极管理并不表示要建立"相互依偎的团队"：作为管理者您必须规划团队的方向、充当榜样、划定每个人的责任范围，起到带头作用！

最后一点是近期大热的领导逻辑变革呼声，其原因是需要更民主的领导方式，此外还需要加快创新、改变劳动人口的价值观、发挥数字化带来的效果以及更灵活的就业模式。在此背景下，我们相信更高的员工参与度和更高的领导个性化程度都是不可或缺的。但是需要提醒的是，不要把对新领导风格的（通常是模糊的）讨论当作是责任分散效应的许可证。

具有积极作用的管理意味着，领导者认真对待自己作为榜样和决策者的角色。为此其承担着确保合作框架条件积极的责任，引导着员工们的看法、影响着他们的行为，最终激发他们承担更大的个人责任。员工和同事遵循领导者的领导，是因为其处于决策的位置，所以领导者要作出决策！通过清楚阐述自己的观点，向热爱创新的员工指明界限，明确在你的管理范围内相互尊重这一前提，来帮助团队实现意见交换。设想一下正能量的原则：没有投机取巧，没有悲观团队，也没有低效的会议。做好自己的事情，并期待他人发生好的事情。那么就没有什么伟大的话语能描述每天的日常了。积极的变革需要领导人，我们信赖你！

参考文献

Accenture (2015). *Accenture-Studie: Hohe Erwartungen und leicht zu enttäuschen – Deutsche Verbraucher sind extrem anspruchsvoll*. Abgerufen unter: https://www.accenture.com/de-de/company-newsroom-germany-consumers-extremely-demanding.

Adriaanse, M. A., van Oosten, J. M., de Ridder, D. T., de Wit, J. B., & Evers, C. (2011). Planning what not to eat: Ironic effects of implementation intentions negating unhealthy habits. *Personality and Social Psychology Bulletin, 37*(1), 69–81.

Aellig, S. (2004). *Über den Sinn des Unsinns: Flow-Erleben und Wohlbefinden als Anreize für autotelische Tätigkeiten*. Waxmann Verlag.

Aherne, C., Moran, A. P., & Lonsdale, C. (2011). The effect of mindfulness training on athletes' flow: An initial investigation. *The Sport Psychologist, 25*(2), 177–189.

Ahuja, A., & Van Vugt, M. (2010). *Selected: Why some people lead, why others follow, and why it matters*. Profile Books.

Alter, U. (2016). *Teamidentität, Teamentwicklung und* Führung. Wiesbaden: Springer Gabler.

Altmann, E. M., Trafton, J. G., & Hambrick, D. Z. (2014). Momentary interruptions can derail the train of thought. *Journal of Experimental Psychology: General, 143*(1), 215–226.

Ames, D., Maissen, L. B., & Brockner, J. (2012). The role of listening in interpersonal influence. *Journal of Research in Personality, 46*, 345–349.

Antoni, C. H. & Bungard, W. (2004). Arbeitsgruppen. In H. Schuler (Eds.), *Organisationspsychologie – Gruppe und Organisation. Enzyklopädie der Psychologie, Bd. D, III(4)* (pp.129–191). Göttingen: Hogrefe.

Ariely, D., & Wertenbroch, K. (2002). Procrastination, Deadlines, and Performance: Self-Control by Precommitment. *Psychological Science, 13*(3), 219– 224.

Arnold, R., & Rohs, M. (2014). Von der Lernform zur Lebensform. In K. W. Schönherr & V. Tiberius (Eds.), *Lebenslanges Lernen* (pp.21–28). Wiesbaden: Springer.

Aronson, E., Fried, C., & Stone, J. (1991). Overcoming denial and increasing the intention to use condoms through the induction of hypocrisy. *American Journal of Public Health, 81*, 1636–1638.

Baecker, D. (2015). *Postheroische Führung. Vom Rechnen mit Komplexität.* Wiesbaden: Springer Gabler.

Bailey, C., & Madden, A. What makes work meaningful—Or meaningless. *MIT Sloan Management Review*, 1-9.

Bargh, J. A., Chen, M., & Burrows, L. (1996). Automaticity of social behavior: Direct effects of trait construct and stereotype activation on action. *Journal of Personality and Social Psychology, 71*(2), 230–244.

Bargh, J. A., Gollwitzer, P. M., Lee-Chai, A., Barndollar, K., & Trötschel, R. (2001). The automated will: nonconscious activation and pursuit of behavioral goals. *Journal of Personality and Social Psychology, 81*(6), 1014-1027.

Bass, B. M. (1985). Leadership: Good, Better, Best. *Organizational Dynamics, 13*(3), 26–40.

Bavelas, J. B., Coates, L., & Johnson, T. (2000). Listeners as co-narrators. *Journal of Personality and Social Psychology, 79*, 941–952.

Becker, M. W., Alzahabi, R., & Hopwood, C. J. (2013). Media multitasking is associated with symptoms of depression and social anxiety. *Cyberpsychology, Behavior, and Social Networking, 16*(2), 132–135.

Befunde aus der Framingham-Herz-Studie. Abgerufen unter: http://www.framingham.com/heart.

Bègue, L., Bushman, B. J., Zerhouni, O., Subra, B., & Ourabah, M. (2013). ›Beauty is in the eye of the beer holder: People who think they are drunk also think they are attractive. *British Journal of Psychology, 104*(2), 225–234.

Behrens, B., & Gutermann, D. (2014). Gesundheitsmanagement im demografischen Wandel. *Innovative Verwaltung, 10,* 20–23.

Belbin, R. M. (1993). *Team roles at work: A strategy for Human Resource Management.* Oxford: Butterworth-Heinemann.

Belbin, R. M. (1996). *Management Teams: Why they succeed or fail.* Oxford: Butterworth-Heinemann.

Bergmann, F. (2005). *Die Freiheit leben.* Freiamt: Arbor Verlag.

Bergmann, F., & Friedmann, S. (2007). *Neue Arbeit kompakt: Vision einer selbstbestimmten Gesellschaft.* Freiamt: Arbor.

Bernier, M., Thienot, E., Codron, R., & Fournier, J. F. (2009). Mindfulness and acceptance approaches in sport performance. *Journal of Clinical Sport Psychology, 3,* 320–33.

Bierhoff, H.-W., Rohmann, E., & Herner, M. J. (2011). Freiwilliges Arbeitsengagement. In M. Ringlstetter (Eds.), *Positives Management. Zentrale Konzepte und Ideen des Positive Organizational Scholarship,* (pp.13-30). Wiesbaden: Gabler.

Binder, T. (2016). *Ich-Entwicklung für effektives Beraten.* Göttingen: Vandenhoeck & Ruprecht.

Blanding, M. (2014) The Role of Emotions in Effective Negotiations. *Harvard Business School.* Abgerufen unter: http://hbswk.hbs.edu/item/the-role-of-emotions-in-effective-negotiations

Bottler, S. (2010). Die Schlacht um die Schrauben. *Süddeutsche Zeitung.* Abgerufen unter: http:// www.sueddeutsche.de/wirtschaft/baumaerkte-die-schlacht-um-dies chraube-1.900473.

Boyce, A. S., Nieminen, L. G., Gillespie, M. A., Ryan, A. M., & Denison, D. R. (2015). Which comes first, organizational culture or performance? A longitudinal study of causal priority with automobile dealerships. *Journal of Organizational Behavior, 36*(3), 339–359.

Brickman, P., Coates, D., & Janoff-Bulman, R. (1978). Lottery winners and accident victims: Is happiness relative?. *Journal of personality and social psychology, 36*(8), 917–927.

Brown, S. P., Homer, P. M., & Inman, J. (1998). A Meta-analysis of relationships between ad-evoked feelings and advertising responses. *Journal of Marketing Re-*

search, 35(1), 114–126.

Buckingham, M., & Coffman, C. (2001). Erfolgreiche Führung gegen alle Regeln. *Frankfurt/Main*, 3.

Busch, U. (2014). Die Geschichte hinter »Supergeil«. *W&V*. Abgerufen unter: http://www.wuv.de/agenturen/die_geschichte_hinter_supergeil.

Caesens, G. Stinglhamber, F., & Luypaert, G. (2014). The impact of work engagement and workaholism on well-being: The role of work-related social support. *Career Development International, 19*(7), 813–835.

Cameron, K., Mora, C., Leutscher, T., & Calarco, M. (2011). Effects of positive practices on organizational effectiveness. *Journal of Applied Behavioral Science, 47*, 266–308.

Cappelli, P., & Neumark, D. (2001). Do »high-performance« work practices improve establishment-level outcomes? *Industrial & Labor Relations Review, 54*(4), 737–775.

Chang, A., & Duck, P. B. J. (2003). Punctuated equilibrium and linear progression: Toward a new understanding of group development. *Academy of Management Journal, 46*(1), 106–117.

Connor, K. M., & Davidson, J. R. (2003). Development of a new resilience scale: The Connor Davidson resilience scale (CD RISC). *Depression and Anxiety, 18*(2), 76–82.

Cost, D. L., Bishop, M. H., & Anderson, E. S. (1992). Effective listening: Teaching students a critical marketing skill. *Journal of Marketing Education, 14*(1), 41–45.

Cross, R., & Gray, P. (2013). Where has the time gone? Addressing collaboration overload in a networked economy. *California Management Review, 56*(1), 1–17.

Crum, A. J., & Langer, E. J. (2007). Mind-set matters exercise and the placebo effect. *Psychological Science, 18*(2), 165–171.

Csíkszentmihályi, M. (1995). *Flow. Das Geheimnis des Glücks*. Stuttgart: Klett-Cotta.

Csíkszentmihályi, M. (2003). *Good business. Leadership, flow and the making of meaning*. New York: Penguin Group.

Cyert, R. M. & March, J. G. (1963). *A behavioral theory of the firm*. Englewood-Cliffs: Prentice-Hall.

Daimler, M. (2016). Listening is an overlooked leadership tool. *Harvard Business Review*. Abgerufen unter: https://hbr.org/2016/05/listening-is-an-overlooked-leadership-tool.

Davenport, T. H., Leibold, M., & Voelpel, S. (2006). *Strategic management in the innovation economy.* Erlangen: Publics Corporate Publishing.

Davidson, R. J., Kabat-Zinn, J., Schumacher, J., Rosenkranz, M., Muller, D., Santorelli, S. F., ... & Sheridan, J. F. (2003). Alterations in brain and immune function produced by mindfulness meditation. *Psychosomatic Medicine, 65*(4), 564–570.

De Vries, M. K., & Miller, D. (1984). Neurotic style and organizational pathology. *Strategic Management Journal, 5*(1), 35–55.

Deloitte Digital (2015). *Five Insights into Intrapreneurship.* Abgerufen unter: https://www2.deloitte.com/content/dam/Deloitte/de/Documents/technology/Intrapre neurship_ Whitepaper_English.pdf.

Deloitte University Press (2016). *Global Human Capital Trends 2016.* Abgerufen unter: http:// www2.deloitte.com/content/dam/Deloitte/de/Documents/human-ca pital/gxdup-global-human-capital-trends-2016.pdf.

Desharnais, R., Jobin, J., Côté, C., Lévesque, L., & Godin, G. A. S. T. O. N. (1993). Aerobic exercise and the placebo effect: A controlled study. *Psychosomatic medicine, 55*(2), 149–154.

Dewitte, S., & Verguts, T. (2001). Being funny: A selectionist account of humor production. *Humor: International Journal of Humor Research, 14,* 37–53.

Dierig, C. (2015). Warum alkoholfreies Bier unsere neue Limonade ist. *Welt Online.* Abgerufen unter: https://www.welt.de/wirtschaft/article143509847/Warum-alko holfreies-Bier-unsere-neue-Limonade-ist.html.

Dijksterhuis, A., & Meurs, T. (2006). Where creativity resides: The generative power of unconscious thought. *Consciousness and Cognition, 15*(1), 135–146.

Dobelli, R. (2013). *The art of thinking clearly.* London: Hodder & Stoughton.

Drösser, C. (2013). Sind die Knöpfe an vielen Fußgängerampeln wirkungslos? *Zeit Online.* Abgerufen unter: http://www.zeit.de/2013/04/Stimmts-Fussgaengeram pel.

Duhigg, C., & Graham, J. (2016). What Google learned from its quest to build the perfect team. *The New York Times Magazine.* Abgerufen unter: http:// www.ny times.com/2016/02/28/magazine/what-google-learned-from-its-questto-build-the-perfect-team.html?_r=1.

Dweck, C. S. (2008). *Mindset. The new psychology of success.* New York: The Random House Publishing Group.

Economy, P. (2015). *5 Things that can instantly ruin your company's culture.* http://

www.inc.com/peter-economy/5-things-that-can-instantly-ruinyour-company-s-culture.html.

Edmondson, A. C. (1999). Psychological safety and learning behavior in work teams. *Administrative Science Quarterly, 44*(2), 350–383.

Edmondson, A. C. (2004). Learning from mistakes is easier said than done. *Journal of Applied Behavioral Science, 40*(1), 66–90.

Edmondson, A. C., & Lei, Z. (2014). Psychological Safety: The history, renaissance, and future of an interpersonal construct. *Annual Review of Organizational Psychology and Organizational Behavior, 1*, 23–43.

Eichler, L. (2016). Collaborative overload: When work gets in the way of doing your job. *The Globe and Mail.* Abgerufen unter: http://www.theglobeandmail.com/re port-on-business/careers/career-advice/life-at-work/collaborative-overload-when-workgets-in-the-way-of-doing-your-job/article30821954.

Eilers, S., Möckel, K., Rump, J., & Schabel, F. (2016). HR-Report 2015/2016. *Schwerpunk Unternehmenskultur.* Abgerufen unter: http://www.ibe-ludwigsha fen.de/download/ arbeitsschwerpunkte-downloads/trends-der-arbeitswelt-down-loads/HR-Report-2015–2016_Unternehmenskultur_2.pdf.

Eisert, R., Seiwert, M., & Rother, F.-W. (2016). Interview mit Tina Müller (2016). »Provokanter, kantiger, mutiger«. *Wirtschaftswoche, 34*, 44–45.

Eldor, L., & Harpaz, I. (2016). A process model of employee engagement: The learning climate and its relationship with extra-role performance behaviors. *Journal of Organizational Behavior, 37*(2), 213–235.

Fazio, R. H. (2001). On the automatic activation of associated evaluations: An overview. *Cognition & Emotion, 15*(2), 115–141.

Fisher, R. Ury, W., & Patton, B. (2013). *Das Harvard-Konzept. Der Klassiker der Verhandlungstechnik.* Frankfurt a. M.: Campus.

Förster, J. (2013). Kultur ist Fundament des Erfolgs. *Wirtschaftswoche.* Abgerufen unter: http:// www.wiwo.de/erfolg/management/management-kultur-ist-fundament-des-erfolges/8584896.html.

Fredrickson, B. L. (2011). *Die Macht der guten Gefühle: wie eine positive Haltung Ihr Leben dauerhaft verändert.* Campus.

Fredrickson, B. L., & Branigan, C. (2005). Positive emotions broaden the scope of attention and thought-action repertoires. *Cognition & Emotion, 19*(3), 313-332.

Gardner, F. L., & Moore, Z. E. (2004). A mindfulness-acceptance-commitment-ba-sed approach to athletic performance enhancement: Theoretical considerations. *Behavior Therapy, 35*(4), 707-723.

Geißler, H. (2014). Edekas supergeiler Werbeeffekt. *Wirtschaftswoche*. Abgerufen unter: http:// www.wiwo.de/unternehmen/handel/brandindex-edekas-supergeiler-werbeeffekt/9616516.html.

Gerpott, F., & Lehmann-Willenbrock, N. (2015). Differences that make a difference: The role of team diversity in meeting processes and out-comes. In: J. A. Allen, N. Lehmann-Willenbrock & S. G. Rogelberg (Wds.), *The Cambridge Handbook of Meeting Science* (pp.93–118). New York, NY: Cambridge University Press.

Gerpott, F., & Voelpel, S. C. (2014). Zurück auf Los! Warum ein Überdenken des transformationalen Führungsstils notwendig ist. Personalführung, 47(4), 17–21.

Gerpott, F., Niederhausen, H., & Voelpel, S. (2016). Alter ist relativ. Wie eine neue Haltung zum Alter(n) die Leistungsfähigkeit erhöhen kann. *Personalführung, 49*(7–8), 62–67.

Gersick, C. J. (1988). Time and transition in work teams: Toward a new model of group development. *Academy of Management Journal, 31,* 1–41.

Gersick, C. J. (1989). Marking time: Predictable transitions in task groups. *Academy of Management Journal, 32,* 247–309.

Geuens, M., De Pelsmacker, P., & Tuan Pham, M. (2014). Do pleasant emotional ads make consumers like your brand more? *Gfk Marketing Intelligence Review, 6*(1), 40–45.

GOMEX Newsroom. (2013, September 16). *Der neue Opel Insignia – TV-Spot mit Jürgen Klopp*. Abgerufen unter https://www.youtube.com/watch?v=V1q9N0e6Wa8

Grant, A. (2013). Givers take all: The hidden dimension of corporate culture. *McKinsey Quarterly*. Abgerufen unter: http://www.mckinsey.com/business-func tions/organization/our-insights/givers-take-all-the-hidden-dimension-of-corpo rate-culture.

Greenberg, M. H., & Arakawa D. (2006). Optimistic Managers & their influence on productivity & employee engagement in a technology organization. *International Coaching Psychology Review, 2*(1), 78–89.

Grelotti, D. J., & Kaptchuk, T. J. (2011). Placebo by proxy. *British Medical Journal, 343.*

Grichnik, D. (2016). Vom Glück, Unternehmer zu sein. *Wirtschaftswoche, 23,* 87–89.

Groggins, A., & Ryan, A. M. (2013). Embracing uniqueness: The underpinnings of a positive climate for diversity. *Journal of Occupational and Organizational Psychology, 86,* 264–282.

Groll, T. (2011). Wie Konflikte richtig gelöst werden. *Zeit Online*. Abgerufen unter: http://www.zeit.de/karriere/beruf/2011-02/konflikte-team-loesung.

Gutting, D. (2015). *Diversity Management als Führungsaufgabe*. Wiesbaden: Springer Gabler.

Hackl, B., & Gerpott, F. (2015). Entschlüsseln Sie Ihre Erfolgs-DNA: Innovative Mitarbeiterbefragungen nutzen. *HR Performance, 23*(4), 44–45.

Hackl, B., & Gerpott, F. (2015). *HR 2020 – Personalmanagement der Zukunft*. München: Vahlen.

Harju, L. K. Hakanen, J. J., & Schaufeli, W. B. (2016). Can job crafting reduce job boredom and increase work engagement? A three-year cross-lagged panel study. *Journal of Vocational Behavior, 95-96*, 11–20.

Hartnell, C. A., Kinicki, A. J., Lambert, L. S., Fugate, M., & Doyle Corner, P. (2016). Do similarities or differences between CEO leadership and organizational culture have a more positive effect on firm performance? A test of competing predictions. *Journal of Applied Psychology, 101*(6), 846–861.

Hay Group. (2016). Mitarbeiter-Engagement und -Effektivität. Abgerufen unter: http://www.haygroup.com/de/services/index.aspx?id=21073.

Healey, M. P., Hodgkinson, G. P. , Whittington, R., & Johnson, G. (2015). Off to plan or out to lunch? Relationships between design characteristics and outcomes of strategy workshops. *British Journal of Management, 26*, 507–528.

Hennecke, J. (2011). *Bioresonanz: Eine neue Sicht der Medizin*. Norderstedt: Books on Demand.

Heskett, J. L. (2011). *The Culture Cycle*. New Jersey: Financial Times Press.

Holt-Lunstad, J., Smith, T. B., & Layton, J. B. (2010). Social relationships and mortality risk: a meta-analytic review. *PLoS Med, 7*(7), e1000316.

Horizontnet. (2014, August 27). *Hornbach »Sag es mit deinem Projekt«*. Abgerufen unter: https://www.youtube.com/watch?- v=Cmg8ghXhAt8.

Hornbach. (2016, März 18). *HORNBACH – Du lebst. Erinnerst Du Dich?* Abgerufen unter: https://www.youtube.com/watch?v=WRSvNjDQSaM

Hsieh, C., & Wang, D. (2015). Does supervisor-perceived authentic leadership influence employee work engagement through employee-perceived authentic leadership and employee trust? *International Journal of Human Resource Management, 26*(18), 2329–2348.

Hudson, N. W., & Fraley, R. C. (2015). Volitional personality trait change: Can people choose to change their personality traits? *Journal of Personality and Social Psychology, 109*(3), 490–507.

Huy, Q. N. (1999). Emotional capability, emotional intelligence, and radical change. *Academy of Management Review, 24*(2), 325–345.

Jackson, S. A., & Csikszentmihályi, M. (1999). *Flow in sports: The key to optimal experience and performances.* Champaign, IL: Human Kinetics.

Jain, S., Shapiro, S. L., Swanick, S., Roesch, S. C., Mills, P. J., Bell, I., & Schwartz, G. E. (2007). A randomized controlled trial of mindfulness meditation versus relaxation training: effects on distress, positive states of mind, rumination, and distraction. *Annals of Behavioral Medicine, 33*(1), 11–21.

Janis, I. L. (1972). *Victims of Groupthink: A psychological study of foreign-policy decisions and fiascoes.* Boston: Houghton-Mifflin.

Johnson, K. J., & Fredrickson, B. L. (2005). »We all look the same to me« Positive emotions eliminate the own-race bias in face recognition. *Psychological science, 16*(11), 875–881.

Johnson, S. (2007). What's so friggin' funny? *Discover Magazine.* Abgerufen unter: http://discovermagazine.com/2007/brain/laughter.

Johnson, S. D., & Bechler, D. (1998). Examining the relationship between listening effectiveness and leadership emergence: Perceptions, behaviors, and recall. *Small Group Research, 29*, 452–471.

Judge, T. A., & Piccolo, R. F. (2004). Transformational and transactional leadership: A meta-analytic test of their relative validity. *Journal of Applied Psychology, 89*(5), 755–768.

Kanfer, R., & Ackerman, P. L. (1989). Motivation and cognitive abilities: An integrative/aptitude treatment interaction approach to skill acquisition. *Journal of Applied Psychology, 74*, 657–690.

Kanning, P., & Fricke, P. (2013). Führungserfahrung: Wie nützlich ist sie wirklich? *Personalführung 46*(1), 49–53.

Kauffeld, S. (2006). *Kompetenzen messen, bewerten, entwickeln.* Stuttgart: Schäffer-Poeschel.

Kauffeld, S., & Meyers, R. (2009). Complaint and solution-oriented circles: Interaction patterns in work group discussions. *European Journal of Work and Organizational Psychology, 18*, 267–294.

Kaufman, K. A., Glass, C. R., & Arnkoff, D. B. (2009). Evaluation of Mindful Sport Performance Enhancement (MSPE): A new approach to promote flow in athletes. *Journal of Clinical Sport Psychology, 25*(4), 334–356.

Kaufman, S. B. (2015). The emotions that make us more creative. *Harvard Business Research.* Abgerufen unter: https://hbr.org/2015/08/the-emotions-that-make-usmore-creative.

Keller, A., Litzelman, K., Wisk, L. E., Maddox, T., Cheng, E. R., Creswell, P. D., & Witt, W. P. (2012). Does the perception that stress affects health matter? The association with health and mortality. *Health Psychology, 31*(5), 677–684.

Keltner, D., Gruenfeld, D. H., & Anderson, C. (2000). Power, Approach, and Inhibition. Research Paper Series No. 1669. Graduate School of Business.

Kim, W. C., & Mauborgne, R. (2005). *Blue Ocean Strategy.* Boston: Harvard Business School Publishing.

Kirchner, C., Völker, I., & Bock, O. L. (2015). Priming with age stereotypes influences the performance of elderly workers. *Psychology, 6*(2), 133.

Kivimäki, M., Jokela, M., Nyberg, S. T., Singh-Manoux, A., Fransson, E. I., Alfredsson, L., ... & Clays, E. (2015). Long working hours and risk of coronary heart disease and stroke: a systematic review and meta-analysis of published and unpublished data for 603 838 individuals. *The Lancet, 386*(10005), 1739-1746.

Kluger, A. N., & DeNisi, A. (1996). The effects of feedback interventions on performance: a historical review, a meta-analysis, and a preliminary feedback intervention theory. *Psychological Bulletin, 119*(2), 254.

Koch, T. (2012). Werbung nervt! Wirtschaftswoche. Abgerufen unter: http://www.wiwo.de/unternehmen/dienstleister/werbesprech-werbung-nervt/6519856-all.html.

Kotter, J. P. (2008). *A sense of urgency.* Boston: Harvard Business School Press.

Kravitz, D. A., & Martin, B. (1986). Ringelmann rediscovered: The original article. *Journal of Personality and Social Psychology, 50*, 936–941.

Kröher, M. (2010). Im Wachheitswahn. Manager Magazin.

Lally, P., Van Jaarsveld, C. H., Potts, H. W., & Wardle, J. (2010). How are habits formed: Modelling habit formation in the real world. *European Journal of Social Psychology, 40*(6), 998-1009.

Lehmann-Willenbrock, N., & Allen, J. A. (2014). How fun are your meetings? Investigating the relationship between humor patterns in team interactions and team performance. *Journal of Applied Psychology, 99*(6), 1278–1287.

Lehmann-Willenbrock, N., & Gerpott, F. (2016). Interaktionsdynamiken in Gruppen: Wissenschaftliche Erkenntnisse für das Team-Coaching. In S. Greif, H. Möller,&W. Scholl (Hrsg.), *Handbuch Schlüsselkonzepte im Coaching.* Berlin: Springer.

Lehmann-Willenbrock, N., Allen, J. A., & Kauffeld, S. (2013). A sequential analysis of procedural meeting communication: How teams facilitate their meetings. *Journal of Applied Communication Research, 41,* 365–388.

Lehmann-Willenbrock, N., Chiu, M. M., Lei, Z., & Kauffeld, S. (2016). Understanding positivity within dynamic team interactions: A statistical discourse Analysis. *Group & Organization Management.*

Levinson, H.(2003, January). Management by whose objectives? *Harvard Business Review.* Abgerufen unter: https://hbr.org/2003/01/management-by-whose-objectives

Lewis, I., Watson, B., & White, K. (2008). An examination of message-relevant affect in road safety messages: Should road safety advertisements aim to make us feel good or bad? *Transportation Research: Part F, 11*(6), 403–417.

Libet, B. (1993). Unconscious cerebral initiative and the role of conscious will in voluntary action. In *Neurophysiology of Consciousness* (pp.269–306). Birkhäuser Boston.

Lichtner, C. (2013). *Krise in der Baumarktbranche? Marktperspektiven im Heimwerkparadies Deutschland.* Bruchsal: GfK GeoMarketing GmbH.

Lifeng, Z, Wayne, S. J., & Liden, R. C. (2016). Job engagement, perceived organizational support, high-performance human resource practices, and cultural value orientations: A cross-level investigation. *Journal of Organizational Behavior, 37*(6), 823–844.

Lipkowski, S. (2016). Leadership 4.0. *Managerseminare, 222,* 18–27.

Lipton-Dibner, W. (2015). *Focus on impact: The 10-step map to reach millions, make millions and love your life along the way.* New York: Morgan James Publishing.

List of cognitive biases. In *Wikipedia.* Retrieved August 10, 2016, from https://en.wikipedia.org/wiki/ List_of_cognitive_biases.

Loh, K. K., & Kanai, R. (2014). Higher media multi-tasking activity is associated with smaller gray-matter density in the anterior cingulate cortex. *Plos one, 9*(9), e106698.

Löhr, J. (2014). Die Frau hinter der »Umparken«-Kampagne. *Frankfurter Allgemeine.* Abgerufen unter: http://www.faz.net/aktuell/wirtschaft/menschen-wirtschaft/tina-mueller-die-frau-hinter-opels-umparken-im-kopf-12833321.html.

Losada, M. (2008). Want to flourish? Stay in the zone. *Positive Psychology News Daily.* Abgerufen unter: http://positivepsychologynews.com/news/marcial-losada/200812081289.

Losada, M. (2008). Work teams and the Losada line: New results. *Positive Psycho-*

logy News Daily. Abgerufen unter: http:// positivepsychologynews.com/news/ marcial-losada/200812091298.

Lovallo, D. & Sibony, S. (2010). The case for behavioural strategy. *McKinsey Quarterly.* Abgerufen unter: http://www.mckinsey.com/business-functions/strategy-and -corporate-finance/our-insights/the-case-for-behavioral-strategy.

Lyubomirsky, S., Sheldon, K. M., & Schkade, D. (2005). Pursuing happiness: The architecture of sustainable change. *Review of General Psychology, 9*(2), 111.

Madsbjerg, C., & Rasmussen, M. B. (2014). Kommt ein Anthropologe in eine Bar. *Harvard Business Manager, 36,* 34–44.

Mai, J., & Rettig, D. (2011). *Ich denke, also spinn ich. Warum wir uns oft anders verhalten, als wir wollen.* München: Deutscher Taschenbuch Verlag.

Marshall, J., & McLean, A. (1985). Exploring organisation culture as a route to organisational change. In V. Hammond (Eds.), *Current Research in Management,* (pp.2–20). London: Francis Pinter.

Marshall, L. L., & Kidd, R. F. (1981). Good news or bad news first?.*Social Behavior and Personality: An International Journal, 9*(2), 223-226.

Marsick, V. J. & Watkins, K. E. (2003). Demonstrating the value of an organization's learning culture: The Dimensions of the Learning Organization Questionnaire. *Advances in Developing Human Resources, 5*(2), 132–151.

Martin, A. J. (2005). The role of positive psychology in enhancing satisfaction, motivation, and productivity in the workplace. *Journal of Organizational Behavior Management, 24*(1-2), 113-133.

Max Grundig Klinik (2016). *Warum Führungskräfte schlecht schlafen.* http:// www. presseportal.de/pm/119575/3291663.

Mayer de Groot, R. (2014). Kaufentscheidungen vorhersehen. *Absatzwirtschaft, 10,* 36–38.

Meffert, H., Burmann, C., & Kirchgeorg, M. (2015). *Marketing. Grundlagen marktorientierter Unternehmensführung.* Wiesbaden: Springer Gabler.

Milo, R., & Phillips, R. (2015). *Cell biology by the numbers.* Garland Science.

Mishra, K., Boynton, L., & Mishra, A. (2014). Driving employee engagement: The expanded role of internal communications. *International Journal of Business Communication, 51,* 183–202.

Molden, D. C. (2014). Understanding priming effects in social psychology: What is »social priming« and how does it occur?. *Understanding Priming Effects in Social Psychology, 3.*

Mrazek, M. D., Franklin, M. S., Phillips, D. T., Baird, B., & Schooler, J. W. (2013). Mindfulness training improves working memory capacity and GRE performance while reducing mind wandering. *Psychological Science, 0956797612459659.*

Mussweiler, T., Rüter, K., & Epstude, K. (2004). The ups and downs of social comparison: mechanisms of assimilation and contrast. *Journal of Personality and Social Psychology, 87(6),* 832.

Naftulin, D. H., Ware Jr, J. E., & Donnelly, F. A. (1973). The Doctor Fox Lecture: a paradigm of educational seduction. *Academic Medicine, 48(7),* 630–635.

Nielsen Global (2016). *Think smaller for big growth.* New York: Nielsen Global.

O'Donoghue, T., & Rabin, M. (1999). Doing it now or later. *The American Economic Review, 89(1),* 103–124.

O'Donoghue, T., & Rabin, M. (2001). Choice and Procrastination. *The Quarterly Journal of Economics, 116(1);* 121–160.

Oberhuber, N. (2013). Aber bitte ohne Alkohol. *Zeit Online.* Abgerufen unter: http://www. zeit.de/wirtschaft/2013-08/trend-bier-alkoholfrei.

Oettingen, G. (2015). *Die Psychologie des Gelingens.* Pattloch eBook.

Ohly, S., Sonnentag, S., & Pluntke, F. (2006). Routinization, work charactersictis and their relationships with creative and proactive behaviors. *Journal of Organizational Behavior, 27,* 257–279.

Owens, B. P., Baker, W. E., Sumpter, D. M., & Cameron, K. S. (2016). Relational energy at work: Implications for job engagement and job performance. *Journal of Applied Psychology, 101(1),* 35–49.

Plassmann, H., & Weber, B. (2015). Individual differences in marketing placebo effects: evidence from brain imaging and behavioral experiments. *Journal of Marketing Research, 52(4),* 493–510.

Pohl, W. (2015). Orgasmus im Kopf. *Extradienst, 05/2016,* 132.

Porter, M. E. (1985). *The competitive advantage: Creating and sustaining superior performance.* New York: Free Press.

Powell, T. C., Lovallo, D., & Fox, C. R. (2011). Behavioral strategy. *Strategic Management Journal, 32(13),* 1369–1386.

Prati, G., & Pietrantoni, L. (2009). Optimism, social support, and coping strategies as factors contributing to posttraumatic growth: A meta-analysis. *Journal of Loss and Trauma, 14(5),* 364–388.

Process Management Consulting (2015). *Agiler Strategieprozess.* Aspect, 2/15, 3–7.

Prosieben. Fernsehsendung vom 27.08.2016. Abgerufen unter: http://www.prosie

ben.de/tv/besteshow-der-welt/videos/12-klaas-hart-aber-unfair-clip

Quinn, R. W. (2005). Flow in knowledge work: High performance experience in the design of national security technology. *Administrative Science Quarterly, 50*(4), 610–641.

Raven, B. H. (1998). groupthink, bay of pigs, and watergate reconsidered. *Organizational Behavior and Human Decision Process, 73*(2/3), 352–361.

Reisyan, G. D. (2013). *Neuro-Organisationskultur.* Wiesbaden: Springer Gabler.

Rivkin, W.,. Diestel, S., & Schmidt, K.-H. (2016). Which daily experiences can foster well-being at work? A diary study on the interplay between flow experiences, affective commitment, and self-control demands. *Journal of Occupational Health Psychology.*

Roethlisberger, F. J., & Dickson, W. J. (1939). *Management and the worker.* Cambridge: Harvard University Press.

Romero, E. J., & Cruthirds, K. W. (2006). The use of humor in the workplace. *Academy of Management Perspectives, 20*(2), 58–69.

Rosburg, T. (2011). When the brain decides. *Psychological Science.* Abgerufen unter: http://www. psychologicalscience.org/index.php/news/releases/when-the-brain-decides. html.

Rosenhan, D. L. (1973). On being sane in insane places. *Science, 179*(4070), 250-258.

Rosenthal, R., & Jacobson, L. (1968). *Pygmalion in the classroom: Teacher expectation and pupils' intellectual development.* Holt, Rinehart & Winston.

Rosenzweig, P. (2008). *Der Halo-Effekt: Wie Manager sich täuschen lassen.* Offenbach: Gabal.

Rubinstein, J. S., Meyer, D. E., & Evans, J. E. (2001). Executive control of cognitive processes in task switching. *Journal of Experimental Psychology: Human Perception and Performance, 27*(4), 763–797.

Ruble, T. L., & Thomas, K. W. (1976). Support for a two-dimensional model of conflict behavior. *Organizational Behavior & Human Performance, 16*(1), 143–155.

Rüter, K. (2006). Priming. In H. Bierhoff&D. Frey (Eds.), *Handbuch der Sozi-alpsychologie und Kommunikationspsychologie,* (pp. 287–293). Göttingen: Hogrefe.

Sauerland, M. (2015). *Design your mind – Denkfallen entlarven und überwinden.* Wiesbaden: Springer Gabler.

Schade, M. (2015). Online vs. TV: Die zwei Gesichter von Edeka. *Absatzwirtschaft.*

Abgerufen unter: http://www.absatzwirtschaft.de/online-vs-tv-die-zwei-gesichter-vonedeka-45951.

Schaufeli, W. B., & Bakker, A. B. (2003). UWES – Utrecht Work Engagement Scale. Preliminary Manual. Utrecht University: Occupational Health Psychology Unit.

Schaufeli, W., Salanova, M., Gonzalez-Roma, V., & Bakker, A. B. (2002). The measurement of engagement and burnout: A two sample confirmatory factor analytic approach. *Journal of Happiness Studies, 3*, 71–92.

Scheier, C., Held, D., Schneider, J., & Bayas-Linke, D. (2011). *Codes: Die geheime Sprache der Produkte*. Freiburg: Haufe.

Schlamp, S., Gerpott, F., & Voelpel, S. C. (im Druck, 2017). Widersprechen Sie sich! Konstruktive Konfliktkulturen als Leistungstreiber. *Personalmagazin, 50*(1).

Schließl, N. (2015). *Intrapreneurship-Potenziale bei Mitarbeitern*. Wiesbaden: Springer Gabler.

Schneider, J., Held, D., Bayas-Linke, D., & Scheier, C. (2013). *Codes: die geheime Sprache der Produkte* (Vol. 285). Haufe-Lexware.

Schönherr, K. (2011). Erfolg ist eine frage der energie. *Zeit Online*. Abgerufen unter: http://www. zeit.de/karriere/beruf/2011-01/organisationale-energie.

Seligman, M. E. (2011). *Learned optimism: How to change your mind and your life*. Vintage.

Shantz, A., & Latham, G. (2011). The effect of primed goals on employee performance: Implications for human resource management. *Human Resource Management, 50*(2), 289–299.

Sharifi, H., & Zhang, Z. (1999). A methodology for achieving agility in manufacturing organisations: An introduction. *International Journal of Production Economics, 62*, 7–22.

Shiv, B., Carmon, Z., & Ariely, D. (2005). Placebo effects of marketing actions: Consumers may get what they pay for. *Journal of Marketing Research, 42*, 383–393.

Sitzmann, T., & Yeo, G. (2013). A Meta Analytic Investigation of the Within Person Self Efficacy Domain: Is Self Efficacy a Product of Past Performance or a Driver of Future Performance?. *Personnel Psychology, 66*(3), 531-568.

Smircich, L., & Morgan, G. (1982). Leadership: The management of meaning. *Journal of Applied Behavioral Science, 18*(3), 257–273.

Soldan, Z., & Nankervis, A. (2014). Employee perceptions of the effectiveness of diversity management in the australian public service: Rhetoric and reality. *Public Personnel Management, 43*(4), 543–564.

Soon, C. S., Brass, M., Heinze, H. J., & Haynes, J. D. (2008). Unconscious determinants of free decisions in the human brain. *Nature Neuroscience, 11*(5), 543–545.

Statista (2016). *Anzahl der Kunden der beliebtesten Bau- und Heimwerkermärkte.* Veröffentlicht durch Verbrauchs- und Medienanalyse – VuMA.

Steffel, M., Williams, E. F., & Perrmann-Graham, J. (2016). Passing the buck: Delegating choices to others to avoid responsibility and blame. *Organizational Behavior and Human Decision Processes, 135*, 32–44.

Stein, G. (2011). *5 unterschiedliche Konflikttypen – Wie Sie jeden Konflikt konstruktiv lösen.* Abgerufen unter: https:// www.wirtschaftswissen.de/personal-arbeits recht/mitarbeiterfuehrung/fuehrungsinstrumente/5-unterschiedliche-konflikt typen-wie-sie-jeden-konflikt-konstruktiv-loesen.

Stein, J., Sakellariadis, S., & Cole, A. (2015). Making sure the cup stays full at Starbucks. Abgerufen unter: http://www.monitor-360.com/resources/making-sure-the -cup-staysfull-at-starbucks.

Streich, R. K. (1997). Veränderungsprozessmanagement. In M. Reiß, L. von Rosenstiel & A. Lanz (Hrsg.), *Change Management: Programme, Projekte und Prozesse* (pp.237–254). Stuttgart: Schäffer-Poeschel.

Sullivan, L. (2003). *Hey, Whipple, Squeeze this: A Guide to Creating Great Ads* (Vol. 7). John Wiley & Sons.

TEDx-Talk von A. C. Edmondson (2014). *Building a psychologically safe workplace.* Abgerufen unter: https://www.youtube.com/watch?v=LhoLuui9gX8.

Tuckman, B. W. (1965). Developmental sequence in small groups. *Psychological Bulletin, 63*, 384–399.

Tuckman, B. W., & Jensen, M. A. (1977). Stages of small-group development revisited. *Group Organizational Studies, 2*, 419–427.

Turner, J. A., Deyo, R. A., Loeser, J. D., Von Korff, M., & Fordyce, W. E. (1994). The importance of placebo effects in pain treatment and research. *JAMA, 271*(20), 1609–1614.

Unckrich, B. (2014). Heimat-Chef Heffels über den Viralerfolg des Gothic Girls. *Horizont online.* Abgerufen unter: http://www.horizont.net/agenturen/nachrich ten/Hornbach-Heimat-Kreativchef-Guido-Heffels-ueber-den-weltweiten-viralen-Erfolg-des-Gothic-Girls-130446.

Venzin, M., Rasner, C., & Mahnke, V. (2010). *Der Strategieprozess: Praxishandbuch zur Umsetzung in Unternehmen.* Frankfurt: Campus.

Vergleiche Gallup Institut Deutschland (2014). Engagement Index Deutschland

2013. Abgerufen unter: http://www.inur.de/cms/wp-content/uploads/Gallup%20 ENGAGEMENT%20INDEX%20DEUTSCHLAND%202013.pdf

Wagner, D., & Friedrich-Vogt, B. (2007). *Diversity-Management als Leitbild von Personalpolitik.* Wiesbaden: Deutscher Universitäts-Verlag.

Weber, M. (2015). *Kampf ums letzte Gummibärchen.* Straubinger Tagblatt.

Weibler, J. (2012). *Personalführung.* Vahlen.

Welpe, I. M. (2016). Transparenz und Demokratie sind auf dem Vormarsch. In: *Aufbruch in eine neue Arbeitswelt,* (pp.24–26).

Wemer, E. E., & Smith, R. S. (1982). Vulnerable but invincible: A study of resilient children. *New York: McGraw-Hill.*

Wienmann, J. M. (1977). Explication and test of a model of communication competence. *Human Communication Research, 3,* 195–213.

Wiesbaden, S. F. (Ed.). (2013). *Unternehmensstrategie-treffend verpackt: Über 800 Zitate ausgewählter Persönlichkeiten.* Springer-Verlag.

Wild, J. (1974) Betriebswirtschaftliche Führungslehre und Führungsmodelle. In: Wild, J. (Eds.), *Unternehmensführung,* (pp.142–179). Festschrift für Erich Kosiol, Duncker & Humblot, Ber1in.

Willis, J., & Todorov, A. (2006). First impressions: Making up your mind after a 100-ms exposure to a face. *Psychological Science, 17*(7), 592–598.

Winkielman, P., & Berridge, K. C. (2004). Unconscious emotion. *Current Directions in Psychological Science,* s13(3), 120-123.

Wunderer, R. (2000). *Führung und Zusammenarbeit. Eine unternehmerische Führungslehre.* Neuwied: Luchterhand.

Yan, X., & Su, J. (2013). Core self-evaluations mediators of the influence of social support on job involvement in hospital nurses. *Social Indicators Research, 113*(1), 299–306.

Zitat entnommen aus dem Film *Die Macht des Unbewussten.* Abgerufen unter: https://www.planet-schule.de/sf/filme-online.php?film=8788

图书在版编目(CIP)数据

正能量:如何成为卓有成效的管理者/(德)斯文·
弗尔佩尔,(德)法比奥拉·格伯特著;王煦逸译. —
上海:格致出版社:上海人民出版社,2020.5
ISBN 978 - 7 - 5432 - 3088 - 0

Ⅰ.①正… Ⅱ.①斯… ②法… ③王… Ⅲ.①企业管
理-管理心理学 Ⅳ.①F272 - 05

中国版本图书馆 CIP 数据核字(2020)第 062553 号

责任编辑 唐彬源　程　倩
美术编辑 路　静

正能量
——如何成为卓有成效的管理者
[德]斯文·弗尔佩尔　法比奥拉·格伯特　著
王煦逸　译

出　　版	格致出版社	
	上海人民出版社	
	(200001　上海福建中路 193 号)	
发　　行	上海人民出版社发行中心	
印　　刷	常熟市新骅印刷有限公司	
开　　本	890×1240　1/32	
印　　张	8.5	
插　　页	2	
字　　数	135,000	
版　　次	2020 年 5 月第 1 版	
印　　次	2020 年 5 月第 1 次印刷	

ISBN 978 - 7 - 5432 - 3088 - 0/C·233

定　　价 49.00 元

Der Positiv-Effekt（**The Positivity Effect**）

by Sven C. Voelpel and Fabiola H. Gerpott

Copyright © Campus Verlag GmbH, 2017

Simplified Chinese Translation Copyright © 2020

by Truth & Wisdom Press

ALL RIGHTS RESERVED

上海市版权局著作权合同登记号：图字 09-2017-1014